KAWADE
夢文庫

語源の謎
なぜ、この漢字が使われる?

日本語倶楽部[編]

河出書房新社

カバーイラスト◉いしやま暁子
本文イラスト◉堀江篤史
本文写真◉photolibrary（P105〔左〕、P203〔下〕）
協力◉オフィステイクオー

知れば誰かに話したくなる！奥が深い言葉の世界 ――まえがき

「親を切る」

こう書いてしまうとかなり物騒だが、漢字2文字で表すと「親切」になる。また、「北」に「敗れる」と書いて「敗北」だが、単純に「負ける」の意味であれば南でも東でも西でもいいのではないか――。

他にも観光の「光」、陣痛の「陣」など、日本語には「なぜ、この熟語や慣用句に、いっけん関係なさそうな漢字が使われているのか？」と疑問に感じる言葉が多い。そんな日本語の不思議な世界に迫ったのが本書である。

中国で生まれた漢字は、それ1文字で意味を表す。また、4000年の歴史の中で、もともとの意味から変化したものや、日本へ伝来後に意味が新たに加わったものがある。その変遷を見ていけば、不自然に見える熟語や慣用句の、納得の理由が明らかになり、その結果、言葉の誤用もなくなることだろう。

おもしろくて役に立つ、「目からウロコ」の語源ワールドを存分に楽しんでいただきたい。

日本語倶楽部

語源の謎 なぜ、この漢字が使われる？／目次

【INDEX目次】

あ行

か行

さ行

た行

な行

ら行

1章

ずっと疑問に思っていた日本語の語源

◉〝生理的にムリ〟を「毛嫌い」と書くのは?

流石（さすが）――「流れる石」が、なぜほめ言葉になった？

「流石は○○だ！」というように、とても感心したときに使うほめ言葉が「流石」。決して石の流れる様子を見て「さすが！」と言ったわけではなく、中国の「晋書・孫楚伝」の故事における役人の言い訳が語源とされている。

西晋王朝の政治家だった孫楚は、仕事で疲れてしまい「川で口を漱ぎ、石を枕にして寝る生活をしたい」と言おうとしたところ、「石で口を漱ぎ、川を枕にして寝る生活をしたい」と言い間違えた。

そのため笑われてしまった孫楚だが、意地を張って「流れを枕にして耳を洗い、石で歯を磨くのだ」と言い返す。相手は「無茶な言い訳だが口は回る」と逆に感心し、ほめ言葉として定着したという。

なお「流石にダメだ」というように、流石には、認めながらも内心では拒否するという使い方もある。これは、日本の古語で「だとしても」を意味する「しかすがに」が「さすがに」と訛り、読み方が同じ「流石」の字が当てられたためだとされている。

彼女（かのじょ）――女性のことをこう呼ぶのはどうして？

「彼女」は本来、女性に対する3人称だが、「ヘイ、彼女！」のように2人称になったり、「オレの彼女」というように恋人を指したりする言葉としても定着している。だが、その歴史は意外と浅い。「彼」は『万葉集』の時代からあるが、当初の意味は男性と女性の両方。つまり、女性のことも「彼」と呼んでいたのである。

「彼女」という語が生まれたのは江戸時代の後期だ。1815年、オランダ語辞書の『道訳法児馬（どうやくハルマ）』にて、英語のsheに相当するzijを「彼女」と訳したのが最初とされる。しかし、この書は一般には読むことができず、読み方も「カノヲンナ」か「アノオンナ」だった。

これが「カノジョ」になったのは、明治時代に入った１８７３年のこと。小学校教育の開始に伴い制定された『小学読本』（教科書）の字引である『改正画引小学読本』にて、彼女の読みを「カノヂョ」としたのだ。読本に掲載される折に、制作陣が「彼女」を音読みしたという。

当初は従来の読み方もされていたが、明治の後期に「カノジョ」読みが定着したといわれている。

大丈夫（だいじょうぶ）――夫という字が入っているわけ

心配のいらない姿や状況をいう「大丈夫」。「丈」は長さを表す単位で、古代中国（周代）で１丈は約１８０センチ。そこから成人男性の背丈（せたけ）という意味にも繋（つな）がる。「夫」は成人した男性を指し、生まれた子どもが命を落としやすい古代でも、１丈まで育って成人すれば心配はいらない。そこから「丈夫」が生まれ、さらに「大」を加えて、健康的で立派な男性を表したのだ。

これを「心配がない」という意味に変えたのは日本人だ。中国から大丈夫が伝わると、当初は、強い男性を指すマスラオという意味で用いられた。現在でもパソコンなどで「ますらお」で変換すると「大丈夫」となる。
そこから「強い」の部分を抜き出し、しっかりするという意味となり、心配ない状態を表すようになったのである。

破天荒（はてんこう）――「不毛な地」という評判を破ったことから

大胆な人物や無茶苦茶な様子を、よく破天荒と言ったりするが、それは間違い。本来の意味は誰も成しえなかった偉業を達成することである。

中国宋代の逸話集『北夢瑣言』によると、荊州（現在の湖北・湖南省）は官僚任用試験である科挙の合格者がひとりもいない土地だった。そのため、他の地域からは「天荒（不毛の地）」と嘲笑されていたが、ついに荊州出身の劉蛻という人物が合格。周囲の人々は大そう驚き、劉蛻をほめたたえたという。

そのとき使われたほめ言葉が「破天荒」。天荒の評判を破った者というものだ。この逸話から、破天荒は「前人未到の成功をした者」という意味で広まったのだ。

なぜ、現在のような誤用が広まったかは不明だが、荒っぽい文字のイメージや、不可能に挑戦する姿が他人には無謀に見えるからという説がある。

都合(つごう)——都は「全て」という意味だった!

都合が良いとは具合や状況が良い、もしくは工面(くめん)ができるという意味。だが、これらの意味は近世以降に加わったものだ。

当初の都合は全て合わせること、つまり合計を指していた。この場合の「都」は全てという意味なのだ。

「都」は読み方(音)を示す「者」に人の居住地を表す「邑」を付け、人が多く集まる「みやこ」の意味となる。このように音になる字と意味を表す字が合わさった漢字を形声(けいせい)文字という。そして、多く集まっている状況から「集める」「全て」の意味も付加された。「都て」と書いて「すべて」と読むこともある。

この「全て」を表す「都」と「合」を組み合わせ、全部を合わせることを表した。以降、「都合」に合計や、丸ごとの意味が生まれる。

「都合が良い」は「合計が良い」ということになり、江戸時代頃には現在と同じ意味へと変化した。しかし今でも「都合何個」というように、当初の意味でも使われている。

土地鑑（とちかん）――「土地勘」だと、なぜ誤りなのか？

土地鑑とは土地に関する知識や経験のこと。見知らぬ土地の道順や建物の位置などを当てる直感ではない。近年では「土地勘」と誤用する例もよく見かけるが、これでは本来の意味が通じなくなる。

土地鑑の「鑑」は「かがみ」を指すが、英語のミラーではない。その成り立ちは金属を意味する「金」と、水の入ったタライを示す「皿」、それを覗（のぞ）き込む「人の姿」と「目」である。そのため、水を張った金属のタライで自分の姿を見る様子が由来だ。

やがて「鑑」が姿を映し出す光景から、物事を見極めるという意味が派生。そこ

から、武士の鑑＝「手本」や、鑑定＝「判断」、そして「知識」の意味にも繋がった。したがって、土地鑑といえば土地の知識を表すことになる。

「土地勘」と書いては意味が合わないのだが、これは「かん」の音から勘を働かせる姿と誤解され、「土地勘」と書かれはじめたという。当初、土地勘は誤りとされていたが、現在では土地鑑、土地勘の両方が記載されている辞書もある。

鬱陶しい——「気が滅入ること」と「陶器」の関係

わずらわしい、不快で気が滅入る……そんな気分を表す言葉が「鬱陶しい」だ。鬱は「(心が)ふさぎ込む」「内にこもる」など言葉通りの意味を表している。では、陶は？　というと、その答えは、焼き物の「陶器」に由来する。

陶器は粘土をこね回してつくるが、手や道具でこねると形がゆがんで不安定になる。その様子から、心がもやもやするという意味が「陶」に加わった。この陶と鬱を組み合わせて、心が晴れないことを意味する「鬱陶」になったとされる。

鬱陶は中国由来の言葉で、もとの読みは「ウッタウ」。日本に伝わった当初は漢語の名詞として使われていた。そこに接尾辞の「しい」が付き、形容詞化されたのが「鬱陶しい」で、気持ちや人間関係だけでなく、「鬱陶しい天気」というように気候などでも使われるようになった。

御馳走（ごちそう）——豪勢な食事のことなのに「走る」わけ

豪華な食事やもてなしを意味する御馳走。しかし、なぜ「馳」「走」と走ることを意味する字が使われているのだろうか？

「馳」は「急いで走る」で馬へんなのは、馬を使うほど急ぐことを意味する。大急ぎで駆けつける＝馳せ参じるという言葉もある。つまり「馳走」とは、馳せると走るを合わせた強調表現なのだ。

では、なぜ豪勢な料理のことを馳走というのか。冷蔵庫のなかった時代、生ものを大量に長期保存する手段はないに等しい。そんな状況下では、客を豪勢にもてなす際には、各地に馬を走らせ食材を調達する必要があった。

この、客のために走り回る姿から、馳走はもてなしの意味を持ち、そこまでして用意された食事は豪華になるので、贅沢な料理も意味するようになる。そこに尊敬の意を強調する「御」を付けたのが「御馳走」なのだ。

挨拶（あいさつ）――見慣れないこの漢字の意味とは？

コミュニケーションの基本として、欠かせない挨拶は、仏教の問答が由来だ。

禅宗には、高僧がかけた問いに修行僧が答える、または修行僧から投げかけられた疑問に高僧が返答するという、禅問答という修行法がある。そのやり取りを通じて互いの悟りの深さを探るのだが、この修行を「一挨一拶（いちあいいっさつ）」とも呼んでいた。

挨拶の挨は「押す」、拶には「せまる」という意味がある。ここに一の字が合わさることで「双方が押し合う」という意味となる。

ここから、一挨一拶は切磋琢磨（せっさたくま）するという意味に変わり、一般の問答や返答も指すようになる。やがて一の字が省略されて「挨拶」となり、儀礼的に交わす言葉や仕草の意味で用いられるようになったのだ。

便乗（びんじょう）――都合良く乗ることに、なぜ「便」の字を使う？

便乗とは、機会に乗って、自分の都合の良いように利用すること。世間の流行に乗る形で商品を売ることを便乗商法というように、他人の行ないや流れに乗っかる行動によく使う。

本来、便乗は他人の乗り物に乗せてもらうという意味で、「帰る方向が一緒だったので課長のクルマに便乗した」という使い方もされる。

この「便」には「乗」と似たような意味があり、「郵便」や「船便」といった使い方をされるが、これらは「便」に交通・通信手段という意味があるからだ。また、「便」は「人」と「更」を合わせてつくった漢字であり、人べんは「人間」、「更」は物を変化させる様子を表す。

そこから都合よく変えるという意味になり、「便乗」は都合の良い機会に乗るという意味も持つようになったのだ。

苦笑（くしょう）——「苦」が付く理由と失笑・冷笑との違いとは

苦笑は、失笑や冷笑と混同されやすいが、失笑は面白すぎて笑い声が漏れること、冷笑は相手を冷たく嘲笑（あざわら）うこと、そして苦笑は苦笑いのことだ。つまり、「あきれた笑い」は失笑ではなく「冷笑」である。

さて、苦笑の「苦」は、固いことを意味する「古」と「草」とを組み合わせた会意（かいい）文字（既存の漢字を組み合わせてつくった文字）であり形声文字だ。固い草は総じて苦味が強い。そこから「苦い」や「苦しい」ことも指すようになったとする。

「苦」の字から派生した言葉のひとつが、不愉快を意味する「苦々しい」で、苦笑も「不愉快をごまかす笑い」。非常に不愉快だが、仕方なく笑うことを表すために「苦々しい」に「笑」を組み合わせて、「苦笑」と呼びはじめたのである。

生憎（あいにく）――なぜ「憎い」という字が入る？

都合が悪い状態を意味する「生憎」は、直訳すれば生きる憎しみ。物騒（ぶっそう）な字面（じづら）だが、かつては本当に憎いことを表した。

生憎の「生」は、生きることではなく当て字。「生憎」を古語で表すと「あやにく」となる。「あや」は「ああ」という感動や嘆息の意、「にく」は「憎らしい」。これらを合わせて、「ああ憎らしや」と嘆く姿を表したのが、当初の生憎だった。

やがて、憎らしい感情を抱かせる事態を表すようになり、「不都合を残念がる姿」という意味に変化した。「あやにく」が「あいにく」に変化したのは近世のこと。「生憎」の漢字表記が一般化したのは江戸時代である。

しかし、庶民の間では「あやにく」が正式で、「あいにく」の読みは訛りと捉えられたようだ。現代と同じ読みと言葉で定着したのは明治時代以降とされているが、大正2（1913）年に発表された唱歌の『早春賦（そうしゅんふ）』では、2番の歌詞で「さては時ぞと　思うあやにく」と歌われている。

不毛（ふもう）――この〝毛〟は毛髪のことではない

「作物が育たないこと」「何の成果も得られないこと」に加え、無意味や無駄という意味も持つ「不毛」だが、毛髪が不足することとは関係がない。

「毛」は動物の体毛の形からつくられた象形文字で、そうした毛が伸びる様を畑から野菜が生えてくる光景になぞらえた。そこから「作物の育ち」「実を結ぶ」の意に派生した。2種の作物を栽培する「二毛作」の「毛」も「実り」の意味である。つまり「不毛」とは実りがないということになる。

そこから成果がないことに意味が繋がり、「無駄なこと」や「無意味な結末」を示す、現在の「不毛」となった。また、「不毛な行ない」「不毛な争い」というように、形容動詞として用いられることも多い。

毛嫌い(けぎらい)――"生理的にムリ"を「毛」を付けて表すわけ

生理的にダメ、というふうに、わけもなく嫌うことが毛嫌いだ。しかし、なぜ嫌いの上に「毛」まで付くのだろう?

この「毛」は強調や当て字ではなく、ウマの交尾相手探しが語源であるという。一説によれば、人間が顔やスタイル、性格でパートナーを選ぶように、ウマは「毛並み」で相手を決めるとされた。昔のウマの売り手はこれを信じ、発情しないウマを指して「ウマの毛嫌いだ」と言ったそうだ。しかし、それが本当かどうかは不明なため、「理由はわからないけど嫌い」という意味に変化していったという。

その他には、「動物そのものが毛並みで好き嫌いを決めるから」「ニワトリは相手の毛並みが悪いと闘鶏で戦わないから」という説もある。

さらには、「毛嫌いという言葉が先にできて、意味が後から付与された」とする説もあり、「毛嫌い」の「毛」の正確な語源は不明なままなのだ。

口実——空っぽな言葉に「実」を持たせるから！

口実の意味を簡単に説明すると「責任を逃れるための言い訳」だ。「口」は言い草を象徴する文字で、「実」が付けられるのは言葉が満ちることを表している。

中国においての「口実」は「口に満ちるもの」を示す。実の旧字は「實」であり、「屋根」「彫刻を施した箱」「貝（たから）」を象形とした会意文字だ。そこから財産で満たされる建物が連想されて、「満ちる」という意味になったのである。

これと「口」とを組み合わせ、口から食べ物が連想されて「食べ物が口に満ちる」という意味で使われた。これが日本に伝わって、口に満ちるもの＝言葉となった。

そんな「口実」が、現在と同じ意味になったのは明治時代のこと。「空っぽな物言い（口）に無理やり真実味（実）を持たせようとする」姿への皮肉で「言い訳」

の意味になったとされる。

告白（こくはく）——告赤でも告青でもなく「白」なのは？

告白の意味は、好きな人に愛を告げることだけではない。本来の意味は「心中（しんちゅう）の思いや秘密を表明する」ことだ。

告は「訴える」「申し出る」の意味で、秘密を告げることを表している。一方の白が意味するのはwhiteではなく、「はっきりする」もしくは「物を言う」ことを指す。明白や独白の「白」は、ここからきている。

現在でも、「白」は「白す（もうす）」と読まれることがある。告白も「告げる」と「白」を合わせて「はっきりと告げる」、あるいは同じ意味の漢字を繋げて意味を強調したのだ。

若干（じゃっかん）——「干」とは「一」と「十」のことだった

若干は、数値ははっきりしないが、それほど多くないことを指す。つまりは「多少」に近い。

そんな若干の語源は「干」の字の分解だ。「干」を分けると「一」と「十」になる。若には「若い」のほかに、仮定を示す「若し」や「〜ような」という「若し」の意味もあり、干と若で「一の若く、十の若し」という言葉が生まれた。これは「一なのか十なのか」という、数量不明の様子を表している。これを略したものが「若干」である。

この言葉は古代中国でつくられたといわれ、春秋戦国時代の思想書『墨子』にも「若干人（少数の人）」という単語が登場する。日本でも平将門の乱の顛末を記した軍記物『将門記』に、「若干の財物を虜領せしめ」との記述がある。

この書は平安時代中期に成立しているので、「若干」は平安時代までに日本へと伝わったようだ。

食傷——飽きただけなのに「傷つく」とはこれいかに？

「寿司なら毎日でも食べられる」と豪語しても、食べ続ければいずれ飽きがくる。そんなふうに、何度も同じことに接して飽きる様子を「食傷」という。

不慣れな食べ物、傷(いた)んだものを食べると人はおなかを壊す。そんな食あたりや食中毒が、食傷の本来の意味だった。食べ物で体を壊すことを、「食べて体が傷つく」という形で表したのである。

また、食あたりは食べすぎ、飲みすぎで起こることもある。そこから、同じものばかり食べる姿が連想され、さらに、似たものを食べすぎて飽きるという意味に繋がった。やがて食事以外にも当てはめられて、繰り返しに嫌気がさすという現在の意味になったのだ。

烏滸(おこ)がましい ——「烏滸」っていったい何のこと？

身の程(ほど)をわきまえないという意味で使われるのが「おこがましい」で、「おこ」は漢字で烏滸と書く。「烏」は鳥のカラスで「滸」は水際のことなので「烏滸」は水辺にいるカラスを指す。「がましい」は、差し出がましい、未練がましいと同じで「状態」や「似ていること」を意味する。

川が物流の拠点だった古代の中国では、黄河や楊子江といった大河の周辺に多くの人が集まっていた。雑踏では大声で話す必要があり、そんなやかましい人たちをカラスに例えて「烏滸」と呼んでいた。

一方、日本では古く、愚かで笑うべきことや馬鹿げていることを「をこ」「うこ」といい、音と意味が似ていることから、平安時代頃に「烏滸」の字が当てられた。しかし室町時代には「馬鹿」という言葉が登場し、愚鈍を表すのはこちらが主流となる。だが、身の程知らずという意味での「烏滸」は残されたのである。

口車(くちぐるま)――弁が立つことを「車」で表現したわけ

「詐欺師(さぎし)の口車に乗るんじゃない!」などというように、調子のいい言葉に騙(だま)されることを「口車に乗る」という。口車には「弁舌が巧み」という意味があり、そんなうまい話術に「乗る」を付けることで、騙されることを表した用語である。ちなみに、ペテンにかけて騙すことは「口車に乗せる」という。

口車の由来は車にある。だが、現在の自動車ではなく昔の車輪や馬車だ。口のうまい人間は話の組み立て方も滑らかで、どんどん話を展開して相手を丸め込もうとする。そんな口の滑らかさを車輪や車に見立てて、「口車」と表現したという。

または、騙される様子を乗車に例えたという説もある。相手の思惑通りに行動することを「乗せられる」ともいう。ここから、乗せる→乗車→車と連想されて、そこに言葉を意味する「口」が付いて口車になったともいわれる。

いずれにせよ、詐欺師のペテンを車や車輪に見立てた可能性は非常に高いようだ。

姑息(こそく)――"配偶者の母"は関係ありません!

姑息の姑は「一時」「しばらく」、息は「一息つく」ことを意味する。それらを合わせた姑息は、「しばらくの間休む」ことを指したが、のちに別の意味も含まれるようになる。

姑息の意味が変化したのは、儒教の経典『礼記(らいき)』によるものだ。『礼記』には、孔子の弟子である曾子(そうし)が「君子の人を愛するや徳を以(もっ)てす。細人の人を愛するや姑息を以てす」と言い残したと記されている。

これは「君子は大義をもって人を愛するが、器の小さな者はその場しのぎの方法でしか人を愛せない」という意味で、このエピソードから「一時しのぎ」や「その場逃れ」も指すようになった。

しかし、その場しのぎを続けていくと、他人からは卑怯(ひきょう)に見えてしまう。そこから誤解が生じ、現在のような「卑怯」の意味で誤用された、もしくは、生意気で図図しいことを意味する「小癪」と音が似ているので混同されたとする説もある。

豹変——豹が気分屋ということなのか?

主張や態度を一変させることを豹変という。「節操のない姿」という意味で使われることもあるが、本来の意味は「考えを良き方向に変える」ということだ。

由来は儒教の経典『易経』に登場する「君子は豹変す」。君子は「徳の高い人」をいい、豹変は「ヒョウの毛の生え変わり」を指す。

動物のヒョウの毛は季節ごとに生え変わり、毛皮は黄の地に黒のはっきりとした模様になる。同じように、賢人は自分の過ちに気づくと、毛が生え変わるように改

める。そこから「良き形に考えを変える」の意味となり、やがて「良くも悪くも態度を変える姿」に変化した。

なお、本来の「節操なく考えを捨てること」には「小人面を革む」ということわざがある。小人(凡人)が表向きだけ改める安易さを批判したものだ。また、豹変は、あくまでも「君子」に当てはめられるものであり、一般人の態度なら変貌、考えであれば改悛などがふさわしい。

二の舞――もともと、どんな舞いだった?

「これではあの時の二の舞だ」というように、過去の失敗を繰り返すときに使う言葉が二の舞である。この、平安時代から使われるという言葉の由来は、雅楽の舞(舞楽)にある。

舞楽は中国風の唐楽と朝鮮半島風の高麗楽を伴奏として舞う雅楽の一種で、曲目のひとつである「案摩」では、舞が二度行なわれる。「本番の舞」と咲面(老爺の笑顔をかたどった面)と腫面(老婆のふくれっ面をかたどった面)をつけた舞人ふたりが本番を真似る「二の舞」である。

二の舞は本番の舞とは似ても似つかないほど滑稽な踊りとなっていて、その様子から、当初、二の舞は「他人の真似事を叱る」という意味で使われていた。それが「人の失敗を繰り返す」または「失敗を真似る」という意味へと変化していったのだという。

なお、二の舞を動詞化する場合は「二の舞を演じる」が正しく、「二の舞を踏む」は誤用だとされてきた。だが、江戸時代までは舞うことを「踏む」と呼ぶこともあったようなので、現在は誤用とされず、どちらも正しいことになりつつある。

我他がくる——我他は当て字か、仏教用語か

物や体の調子が悪く、今にも壊れそうなことを「ガタがくる」という。ガタを漢字で書くと「我他」で、由来とされているのは、物がぶつかる音の「ガタガタ」だ。音がするほどぶつかり合うと、物は傷つき、使い勝手も悪くなる。そこから調子の悪い様子を「ガタがきたな」と言ったとされる。つまり「我他」は当て字なのだ。

一方で、仏教用語が由来とする説もある。漢字表記の「我他」は仏教語の「我他彼此」が語源。「我」と「他」は自分と他人、「彼」と「此」は自分のものと他人の

もの。それらを合わせて、「自分と他人の対立が絶えない」という意味を持つ。

ここから自他の対立を「ガタヒシ」と言うようになった。そして激しく対立すればどちらも傷つく。そこから「壊れかけ」の意味へと変わり、やがて略され「我他がくる」になったともいわれているのだ。

意表（いひょう）を突（つ）く——考えの外側を意味することから

相手が予想しない行動をとることを「意表を突く」という。「意表」は全く想定をしていないことを指し、「突く」は隙や弱点を攻めることを意味する。

意表に「表」の字がついているのは、「表裏」の表ではなく、「外側」を意味しているからだ。表は「毛」と「衣」を合わせた会意文字で、当初は毛皮の上着を指したことから、外側という意味が付けられた。そのため、意表の「表」も、考え（「意」）の外側を表している。

だが、別の由来もあるという。それは仏教の用語である。

仏教では行為を業（ごう）と呼び、目に見える行為を「表業」、見えない行為を「無表業」、心の動きを「意表業」と表していた。この意表業を略したものが「意表」であるという。そして心の動き↓予想外へと意味が変化したとされている。

茶番——お茶を給仕した「茶番」は滑稽なのか？

茶番の意味は、滑稽でバカげた振る舞いのこと。その様子を演技になぞらえて「茶番劇」ともいう。この「茶番」は「茶番狂言」を縮めたもので、江戸時代後期に流行した即興劇を指す。

なぜ「茶番」なのかというと、これを最初に演じたのが役者ではなく、楽屋で役者に茶や軽食を配る給仕役＝茶番だったから。そうした役を新人や大部屋役者もやりはじめると、そんな茶番役の即興芸を茶番というようになった。

これが転じて「見え透いた下手くそな」「ばかばかしい」行動を指すことになった、とされている。

素っ破抜く——素っ破とは忍者のことだった！

「すっぱぬく」は秘密や醜聞、不祥事などを突き止め、暴露すること。またはスキャンダルをスクープすること。これを漢字で書くと「素っ破抜く」。その由来は江戸時代にまでさかのぼり、当初の意味は「刀を抜く」ことだった。

素っ破とは忍者のこと。じつは、忍者の呼称が広まったのは昭和以後で、戦国時代や江戸時代の忍者は、忍(しのび)、乱破(らっぱ)、突破などと呼ばれていた。そうした呼称のひとつが素っ破だったのだ。

忍者は身に危険が迫ると、突然刀を抜いて不意打ちする。その姿から、いきなり刃物を出すという意味で用いられたのが、当初の「素っ破抜き」だ。そして、刃物を振るうと人は驚くことから、人の不意を突くという意味に。さらに忍者は敵の情報を盗み取るので「人の秘密を暴きだす」という意味になった。

現在では漢字を使うことはまれで、ひらがな・カタカナ表記が大半だ。

贅沢(ぜいたく)——沢が「たくさん」という意味を持つ理由

贅沢の「贅」は有り余った無用なものという意味である。「貝」は金銭を意味し、「敖」は金品を気ままにあつかう意を示す。かつては貝殻がお金として使われていたからだ。

では、「沢」の意味は何なのか？　それは水の蓄えである。

沢の旧字は「澤」で、水流を表す「氵」と、「うかがい見る」を意味する「睪(えき)」を合わせた文字だ。「澤」は浅い水たまりや湿地を示し、「タク」の読みは「尺」の音から付いた形声文字である。

つまり、贅沢の「沢」は湛(たた)えられた水や潤いを意味し、「贅」に「沢」を付けることで、有り余るという意味をより強調する。水や潤いを財産に見立て、「余るほどの金を散財する」ことを意味する「贅沢」が生まれたのだ。

成金(なりきん)——「金」は将棋の駒のこと

短期間で急に金持ちになる成金は、どちらかというと蔑(さげす)んだ表現として使われる。金持ちになるから「成」と「金」。この極めてわかりやすい言葉の由来は、将棋にある。

将棋の歩(ふ)は前方1マスにしか進めない。しかし敵陣奥の3ライン内に侵入できれば、裏返って「と金」になれる。と金になれば、その動きは金将と同じで、周囲6マスへの移動が可能。単純計算で6倍の出世である。

将棋用語でコマが裏返ることは「成る」と呼ぶ。つまり、歩のコマが「と金」に成るので、略して「成金」なのだ。

この「成金」は、成り立ち通りに江戸時代までは単なる将棋用語のひとつだった。金持ちの意味になったのは、明治〜大正時代にかけての戦争景気で、大儲(もう)けをした金持ちが多く出たことにある。民衆はそんな金持ちを将棋に例え、「成金」と揶揄(やゆ)したのである。

へな猪口(ちょこ)——「へな」という字はどこからきた?

「取るに足りない未熟者」や、それらを嘲(あざけ)る様を表す「へなちょこ」は、腰砕けを表す「へなへな」とせわしなく走る「ちょこまか」を合わせた言葉とされている。そんな「へなちょこ」を漢字で書くと「埴猪口」だ。

この字が当てられた理由は諸説あるが、ある説によると酒器の「お猪口」が由来であるという。

埴=埴土(へなつち)は素焼きだと水の吸収が早く、もたもたしているとお酒が全て吸われてなくなってしまう。そんな使いにくさから「役に立たない」という意味となり、やがて「取るに足りない」ことと組み合わされて、「埴猪口」の漢字になったという。「埴猪口」という言葉の誕生は案外新しく、明治時代に入ってからだ。

ある日、神田明神内の料理屋「開化楼」で新聞記者の野崎左文（さぶん）が宴会を開くと、粗末なお猪口で酒を飲まされたので「へなちょこな！」と口走ったらしい。また、新橋花柳界が由来という説もあり、単なる当て字ともいわれている。

ちなみに「猪口」の語源は「イノシシの口に似ているから」ともいわれているが、こちらは当て字説が有力だ。

鴨（かも）る――鳥のカモが由来だってほんと？

ギャンブルで相手から有り金を巻き上げたり、儲け話に利用されて財産を奪われたり……。そんな状態を「カモる」「カモられる」というが、漢字では「鴨る」だ。

カモは古代からヒトの食料としてよく狩られていたが、このときに利用されたのがカモの習性だ。カモの群れは夜に飛び立ち、朝方に同じ場所へと帰ってくる。これを利用すれば、簡単に群れごと捕らえられるわけだ。

この捕獲の容易さから、騙（だま）しやすい犠牲者をカモと呼ぶようになる。そして、人

を騙したり、陥れたりして金を奪うことを「カモにする」と表し、略して「カモる」となったのだ。

さらに、騙されやすいお人よしが大金を持ってノコノコやってくる様子を、カモネギという。これは「カモがネギを背負(しょ)ってくる」という言葉を短くしたもので、鴨鍋の具材であるカモがネギを持参する様を表したものだ。

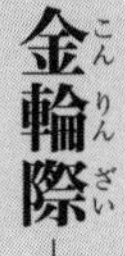

金輪際(こんりんざい)——「金輪の際」ってどこのこと?

「絶対」や「決して」を強調する言葉が金輪際だ。「金輪際いたしません」「金輪際あなたとは会わない」のように、打ち消しを伴った形で使われる。言葉の由来となったのは、仏教の宇宙観である。

仏教の概念だと、宇宙は須弥山（しゅみせん）という山で構成されているという。山は海抜8万由旬（ゆじゅん）（約90万キロ）。これは月と地球の距離（約38万キロ）より大きい。須弥山の周囲には8つの海洋が広がり、地底は3つの輪で支えられている。この輪の最も上に位置する輪が「金輪」だ。

金輪は黄金でつくられ、大きさは直径約120万由旬、高さは約32万由旬。その金輪はさらに巨大な「水輪」と「風輪」に支えられて、仏教宇宙の土台を構成。この金輪と水輪の境界線が「金輪際」だ。

地上の人間にとって、金輪の底は世界の果ても同然。そのイメージから、物事の底や「最後まで」という意味が加わった。そして地の底にあることから、現在では「絶対に」を否定的に強調する形でも使われている。

伽藍堂（がらんどう）――じつは建物由来の言葉だった！

大きな建物や広い室内に何もない様子を「がらんどう」「ガランとしている」という。マンガなどで「ガラン……」と描かれていることもあり、擬態語からきた言葉、もしくは「空っぽ」が由来という説がある。また別の説では、仏教用語を語源とし、その場合は漢字で「伽藍堂」と表す。

伽藍とはもとは仏道修行者が集って修行する清浄、閑静な場所の意であったが、のちに塔や金堂など、寺院の境内における建物の総称となった。その中でも伽藍堂は寺院を守護する伽藍神が祀られたところで、神像以外のものは置かれず、とても広々としていて静か。

ここから、「伽藍堂のように広くて何もない状態」を「がらんどう」と呼ぶようになったという。

軽蔑――人を蔑んで軽く扱うことから

人を蔑み馬鹿にするような感情を抱くこと。軽蔑にはそんな意味合いがある。似た形の言葉に「侮蔑」があるが、こちらは軽蔑をより強めた言い方だ。

「蔑」は「精霊」と「矛を持った人間」を表す象形を組み合わせて、「聖なる力で存在を退けた者」の意味を持つ。やがて退けられた者を「侮る」「見下す」「蔑む」ことを意味する字になった。

一方、「軽」は、大切にせず軽く扱うことを意味する。「部下から軽んじられる」「子供だからと軽んじるな」といった使い方はよく見られ、古くは「軽んずる」とも言われた。

蔑まれる人間は当然扱いも軽くなる。軽んじられて見下されるという意味を強調するため「軽」と「蔑」を組み合わせたのが「軽蔑」なのだ。

爪弾き(つまはじき)――貴族は本当に、嫌な人を爪で弾いていた!

爪弾きとは、いわゆる仲間外れのこと。嫌いな人物をのけ者にしたり、ウマの合わない人を非難したりするような仕草を指す。それらを「爪で弾く」と表現したのは、かつては嫌なものに対して爪を弾いていたからだ。

親指の腹に人さし指の爪をかけ、弾いて音を立てる。この仕草が本来の爪弾きだ。由来は仏教にある。仏教の世界では、指を弾いて不浄を払う「弾指(だんし)」という風習があった。

便所の出入りや魔除け、許可や警告の意味でも用いられたという。もとはインドの風習だったとする説もある。

平安時代になると、貴族にも弾指が伝わる。しかし彼らは厄除けという意味から、嫌いな人物を忌避するときにも使いはじめた。『源氏物語』で光源氏が「嫌いな女性に爪を弾いた」とする記述があるように、貴族社会では一般的な仕草だったのだろう。

この風習は貴族の衰退とともに廃れるが、「爪弾き」という言葉は、仲間はずれにする意味で残されたのだ。

七面倒——なぜ数字の七が頭に付くのか？

非常に面倒であることを表す「七面倒」だが、この場合の「七」は数字の7ではない。言葉の意味を強める接頭語の「しち」だ。

「しち」は「しちやかましい」や「しちむずかしい」のように、厄介事に使われやすい。この「しち」を頭に付けることで煩わしさをより強調し、漢数字の七を当て字にしたのが七面倒なのだ。

ちなみに、七面倒だから、七面鳥↓しちめんどうに訛ったという珍説もある。確かに七面鳥は調理が面倒だから、七面鳥は江戸時代初期に日本へは伝わっているが、将軍の祝い事などで出されただけで庶民が口にできるような鳥ではない。したがって、七面鳥説は俗説とされている。

五月蠅（うるさ）い――五月の蠅がうるさいわけとは

音が大きく耳障りなことを表す「うるさい」は、古くは「うるさし」と書かれた。「うる」は心、「さし」は狭いことを意味する。これらを合わせて、心が締め付けられるほどの圧力を表し、やがて騒がしいという意味に変化した。

そんな「うるさい」を漢字で書くと「五月蠅い」となる。ここで表記される「五月」は旧暦で、現在の6月頃を指す。

ちょうど梅雨（つゆ）の季節に入り、湿気が多くなる時期だ。気温も高いからコバエが湧きやすく、耳元で飛ぶと鬱陶しくてかなわない。そんな状況を表すため、うるさい

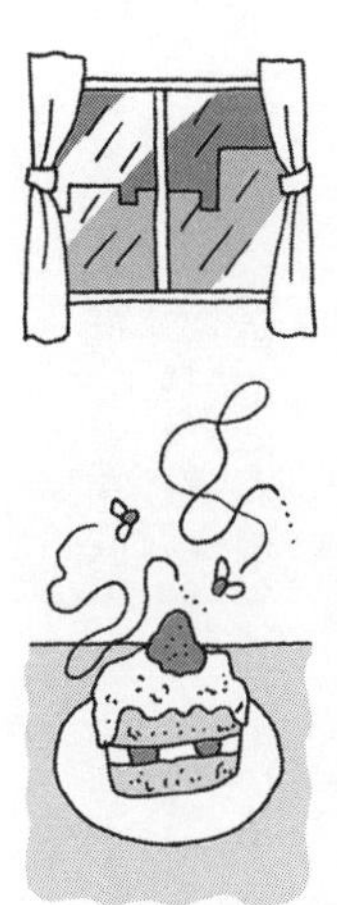

に「五月」と「蝿」を当て字したのだ。

ちなみに、五月晴（さつきばれ）を「春たけなわのうららかな晴天」、五月雨（さみだれ）を「晴れの多い季節に降る貴重な雨」と勘違いしている人も多いが、これらの「五月」も旧暦である。つまり、五月晴は梅雨の晴れ間を表し、五月雨は梅雨で降る雨を示している。

伴侶（はんりょ）——もともと仲間を意味する言葉だった！

「生涯の伴侶」というように、現在でこそ伴侶という言葉は配偶者のことを指すが、そもそもの意味は「共に連れ添う相手」だった。したがって仲間や友人にも用いられていたのだが、やがて共に連れ添う姿から「結婚」が連想され、「配偶者」の意味も加わったという。

なお、伴侶というと、かつては妻のみを指していたが、現在では夫にも使われている。

そんな伴侶の「伴」は、古代中国における皇帝の従者のこと。皇帝に付き従うことから「連れ立つ」の意味となったのだ。

「侶」は「人」と「背骨」の象形を合わせた形声文字で、人と背骨が連なる姿から、

「共に行動する」や「友」「仲間」の意味となった。

そうした「侶」に、連れ立ちを意味する「伴」を付けて、連れ立つ仲間を表したのが「伴侶」という字なのだ。

洒落（しゃら）くさい——いったいどんなにおいなのか？

「おしゃれ」という字に当てられる洒落は、日光にさらされて変色する「晒（さ）（曝）れ」が語源といわれ、色が白っぽくなることから「洗練された」や「風情がある」という意味を持ったとされる。

また、ダジャレの洒落はたわむれることを示す「戯（さ）れ」が由来といわれている。洒落とはもともと、心がさっぱりして物事にこだわらない様子を表す漢語で、読みは「しゃらく」である。意味と音が似ていることから、当て字にされたと考えられている。

しかし「洒落くさい」となると、前のふたつとはガラリと意味が異なる。「中身がないのに洒落た真似をする」「生意気で態度が悪い」といった状態を表す。その言葉の由来はにおいにあるようだ。

まずは「伽羅臭い」の訛りという説。高級な香木（伽羅）をつけているのに、格好は垢抜けない。そんなアンバランスな姿を揶揄する言葉が訛って「洒落くさい」になったとする。

または、遊女を意味する「しゃら」に「臭い」を付け、派手な女性に憧れる少女を叱ったという説もある。

2章

聞かれると答えられない熟語の成り立ち

◉「横綱」というが、本当に綱を横に巻いた?

稲妻
雷のことをなぜこう呼ぶのか？

稲妻は放電によって発生する光のことで、「雷の光」を指す。つまり雷光と同じ意味だが、「稲の妻」と書くのは古代の信仰に由来する。

雷が最も発生しやすいのは夏から秋で、この時期は稲の結実と重なる。そのため古くは、雷を恐れる一方で、光が稲を実らせるとも信じられていた。つまり、稲を実らす伴侶という意味で「つま」の字が加えられたのだ。

しかし、当初は「稲夫」とも書かれていた。夫妻、共に「つま」と読んでいたからだ。

そんな稲妻は、過去に稲光、稲魂とも呼ばれていた。弥生土器や古代中国の青銅器に稲妻の模様が刻まれたのも、豊作祈願の一種である。

実際、空気中で放電が起こると酸素と窒素が結びつき酸化窒素となる。酸化窒素が雨に溶けて地面に染み込むと、稲の肥料になるとも考えられている。

雷光が「稲」の生育を助ける「妻」であるというのは、あながち迷信ではないといえよう。

泥酔
「泥」という虫のように前後不覚になることだった

前後不覚になるほど酔っぱらった状態が、泥酔。「酔っぱらって体が泥のようになるからだろう」と思う人もいそうだが、この「泥」は濡れた土ではなく、古代中国の伝説上の生き物を指す。

古代中国の『扶南異物志』や日本の平安時代の辞書『色葉字類抄』によると、泥酔の「泥」は架空の虫とされている。南海地方に棲み、体内には骨がない。しかも水を浴びないと土の泥のような形態になったことで名付けられた。

こうした伝説から、正気がなくなるほど酔うことを「泥の如し」と言って、酒で前後不覚になった姿を虫に例えたのである。

なお、熟睡することを意味する「泥のように眠る」の泥も、じつはこの虫が由来。形が保てないほどぐったりした泥を、深く眠った人になぞらえたという。

右翼・左翼

思想・信条を右と左にたとえるわけ

「右翼」は保守的な考えを持つ政治家や活動家のことで、主に反革命主義や国粋的思想を唱えることが多い。近年よく耳にするネトウヨという語も「ネット右翼」の略である。対する革新勢力を指して「左翼」と呼ぶ。

英語での呼び方も右翼は「ライトウイ

ング」、左翼は「レフトウイング」。いわば右翼・左翼という名は、ほぼ世界共通なのである。

この言葉の由来とされるのが、フランス議会の議席順だ。１７８９年に起きたフランス革命の後に発足した国民議会では、議員は大きくふたつの勢力に分かれたのであった。

議長席から右側には、王や貴族など旧勢力の維持を目指す保守派。左側に位置したのが、旧勢力撲滅（ぼくめつ）と革命拡大を目指す急進派である。

その後の立法議会でも右側に保守派、左側に急進派が陣取る構図は変わらない。その光景を両翼に例えて、保守派を「右翼」、急進派を「左翼」と呼んだのだ。

陳腐（ちんぷ）　腐るほど古いという意味から

陳腐は、つまらないという意味で用いられやすいが、本来の意味は「ありきたり」だ。陳腐の「陳」は「丘」と両端をくくった「袋」、「右手」の象形をそれぞれ合わせて略字化した形声（けいせい）文字で、袋を手で丘に並べる光景から「連ねる」「広がる」「並べる」の意になり、「告げる」という意味も派生した。陳情や陳述の「陳」も「告げる」という意味で、陳列は「並べる」の意味からきている。

また「陳」には、並べられた袋が放置されて古びていく様子から「古い」という意味もある。

「腐」はそのまま「古い」や「腐る」の

意。それらを組み合わせて、「腐るほど古い」の意でつくられたのが「陳腐」なのだ。そこから古くさいという意味に繋がり、現在では「ありきたりなものや様子」となっている。

秘書 要職の付き人はなぜ〝秘密の書〟なのか？

秘書といえば社長や政治家といった要職のサポート役で、主にスケジュール調整や事務、来客応対などを受け持つ。だが、本来の秘書は付き人ではなく、文字通りに秘密の書類、つまり機密文書という意味だった。

これが、要職の付き人という意味になったのは明治時代である。

英語の翻訳作業は幕末から本格化したのだが、secretaryの訳語となる言葉がなかった。当初は「書記」と訳されていたが、明治時代になると金融機関を中心に「秘書記」という呼び名が広まりだす。これは重要書類を示す「秘書」と、それを扱う「書記」を合わせた造語。これが略され、現在の「秘書」になった。

ただし、秘書の呼び名が定着したのは大正時代。１９１５年には女学校で秘書教育が開始されたことから、秘書＝女性のイメージが根付いたとされている。

浪費 「浪（波）」のように不安定に「費」やすこと

「浪費」とは平たくいうと、無駄遣いのことだ。「費用」の「費」のイメージから、お金の使い過ぎの意で用いられがちだが、物や時間、体力にも使われる。

「浪」が使われるのは、水を表す「氵」と音を示す「良」で「波のうねり」を表しているからだ。波のうねりは一定ではなく、その時々で形を変える。そんな安定しない様子から、「不安定」「デタラメ」の意味が付いた。

また、「費」には散財や無駄遣いの意味がある。「費」の下部は、貨幣を意味する「貝」、上部は「うまく束ねられない木がバラバラになった様子」とする説がある。ここから「財産が散らばること」を示し、目的のために時間や財産を使うことを「費やす」という。

このふたつの文字が組み合わさり、使い方が不安定な様子を表したのが「浪費」なのである。

狼狽（ろうばい） オオカミはうろたえやすい動物ってこと？

激しくうろたえることを意味する「狼狽」の狼は、オオカミのことではない。じつは古代中国における伝説の動物だ。

唐朝の随筆『酉陽雑俎（ゆうようざっそ）』によると、「狼」はオオカミに似てはいるが、前足が長くて後ろ足が短い。そして背中に「狽」という生物をいつも乗せていた。狽は前足が短くて後ろ足が長く、自分の力では歩けない。狼と狽は、２匹で助け合って生きていたのだ。

そのため、狽は狼と引き離されると慌てふためき、狼も激しく混乱したという。こうした伝説から、予想外の事態に慌て混乱することを「狼狽」というようになる。

　しかし、別の説も唱えられている。まずは「漢字の意味合い」という説。狼には「乱れる」、狽にも「よろける」との意味があり、それらを合わせて「大混乱」とした。または、どちらの漢字にも意味がなく、単なる擬態語（ぎたいご）であるなどの説もある。

美人局（つつもたせ）　中国語に日本語の読みを当ててできた

　美女に誘惑されてついていくと、男が現れて金品を脅（おど）し取る。「美人局」はそんな共謀犯罪を指す。読みは「つつもたせ」だが、その語源はいくつかあるという。

　ひとつは男性器の「筒」がモチーフだとする説。もうひとつは、江戸時代の随筆『嬉遊笑覧（きゆうしょうらん）』に「博打（ばくち）の詞（ことば）にやあらん」とあり、丁半博打用の筒に細工をすることから、詐欺（さぎ）行為を「つつもたせ」と呼んでいたという説もある。

　「美人局」という漢字については、中国の犯罪に由来するという。その犯罪は、娼婦に扮した女性が男を誘惑し、事に及ぼうとしたところで別の男性が現れて金品を巻き上げたというもので、日本の「つつもたせ」と同じ。中国語では、この犯罪を「美人局（メイレンジュ）」といい、これに日本の読みを当てたというわけだ。

　ちなみに「局」とは仕切りで隔てられた空間を意味し、官庁などの「局」の語源である。また、小部屋に住まう「宮仕えの女性」や待機する「遊女」の意味もあり、「美人局」の「局」は後者を指すという。

相殺（そうさい）

殺し合うのではなく「削り合う」という意味から

互いの損得が帳消しになったり、物質が作用し合って効果が消えたりする状態を相殺という。民法上での債権処理の場、化学物質の相互作用、民間での利点・欠点の比較など、広い範囲で使われる。

相殺の「殺」は、利害関係のある相手を殺してしまうという意味ではない。利点を「削り合う」という意味である。

「殺」は複数の字を合わせた会意文字だが、由来については諸説ある。有力な説によると「殺」の右側は棒と人の手の象形、左側はイノシシなどの獣を表すとする。それらを合わせて「生贄を殺す」姿を表現したのだ。

そして「命を奪う」という意味から「なくす」「そぎ落とす」に派生。そのため、「殺」の字義には「けずる」という意がある。「相殺」の「殺」もこの意味であり、互いの債務や利点を削り合ってゼロにする、つまり「相手と削り合う」様子を表現したのである。

油断（ゆだん）

油を断ったらどうして気が緩むのか？

気を緩めて注意を怠ることを指す言葉が「油断」。「油を断つ」ことが、なぜ「注意散漫」を表すのかというと、これにはふたつの説がある。

まずは「寛に」の変化という説で、「心の余裕」「ゆったりした気持ち」を意味するこの言葉が、ゆたに↓ゆたん↓ゆだんと変化し、油断と当て字されたとするものだ。

もうひとつは、仏教を由来とする。経典の「涅槃経（ねはんぎょう）」には、暴君が家来に横暴を働く場面がある。その暴君は家来に油の鉢を持たせ、1滴でもこぼせば命を断つと脅（おど）したのだ。家来は鉢を持たされたまま仕事をさせられたが、最後までこぼすことはなかった。

この逸話から、気を抜くことを「油断」と言ったという。もしくは、法灯用の油をうっかり落とした弟子が、お釈迦（しゃか）様に叱（しか）られた話が由来という説もある。

当初の「油断」は学問や日常での不注意を指し、武芸での失態は「弓断」と書いた。やがて後者の書き方は廃（すた）れていき、現在では「油断」で統一されている。

雪辱（せつじょく）
恥を返上することと雪との関係とは

汚名を晴らすことを「雪辱」といい、昔の恥を拭（ぬぐ）って名誉を回復したり、かつて敗北した相手に勝利したりすることをいう。辱が指すのは「辱（はずか）しめ」だが、この場合の雪は英語のsnowではない。動詞の「すすぐ」である。

中国の春秋戦国時代より、雪は「恥をすすぐ」という形で用いられた。空の雪は万物を白くきれいにするので、そこから何かをすすぐという意味が派生した。

現在でも、雪の訓読みには「すすぐ」がある。この「雪」と「辱め」をくっ付けることで、恥の返上を表現したのだ。

なお、よく「雪辱を晴らす」とも書かれるが、これはNG。「雪辱」だけでも恥を払う（晴らす）意味になるため重複表現になる。雪辱は「果たす」ものである。

横綱　認められた力士のみが巻いていた綱だった

力士の最高位である「横綱」だが、もともとは大関の中で優秀な力士に与えられる称号だった。つまり階級ではなく、現在のような番付の筆頭となったのは、明治時代末期の１９０９年のことだ。

そもそもの「横綱」は、力士がまわしの上から横に巻いた「綱」そのものを指す。この「横綱」は、江戸相撲の元締めである吉田司家によって認められた者だけが腰に締めての土俵入りが許されたのだ。

「横綱」の形については、神社のしめ縄が起源だとする説もあるが、相撲協会によると定かではないという。

また、綱を締めるようになった理由は、土地の神に捧げる「地鎮」で綱を巻いて地面を踏みしめる儀式が由来といわれている。

赤貧

燃え尽きたように何もなくなることから「赤」に

「赤貧洗うが如し」といえば、「洗い流して何もなくなったかのようにひどく貧しいこと」を表す。塾を開いたものの入門者が集まらず、衣食がまかなえないほど貧乏な様子を、江戸時代の儒学者・荻生徂徠が、自著の中で表現した言葉が由来だ。

しかし、なぜ「赤」の字を使うのか。「家計が火の車」という意味ではない。この赤は色のことではなく、丸裸を意味している。

赤は「火」と「大」の組み合わせで成り立っていて、火は一度つくと瞬く間に燃え広がる。そんな一切合切を燃やしていく光景を、古代の人々は信仰の対象とした。

そして燃やされたものは、煙とともに浄化されて天に昇るとも信じたのだ。

このような火への信仰から、火が由来である赤の字にも「燃え尽きて何もない」「裸のよう」という意味が付加されたと考えられている。つまり、貧しさを意味する「貧」に裸の「赤」を付けることで、「何も持てないほどの貧乏」を表しているのだ。

狼藉

もとはオオカミの習性を表現した言葉

「乱暴狼藉は許さない！」という言い回しがあるように、粗暴な行ないを表す言葉が「狼藉」である。この場合の「狼」は、文字通り動物の「オオカミ」である。

「狼藉」は、もともと「散らかり乱れる様子」のこと。「藉」は「敷く」や「踏む」を意味し、オオカミが下草を踏み荒らして寝る習性から「オオカミの寝たあとに似た乱れ具合」を表した。

その由来は古代中国の歴史書『史記』の中の「滑稽列伝」だ。酒宴の最中、斉の威王が学士の淳于髡に「先生はどれほど飲めば酔うのだ?」と尋ねたところ、「1升飲んでも、2斗飲んでも酔います」と答える。

そして「酒を極めれば乱れ、楽しみ極まれば悲しい」として、全ての物事は極めれば衰えていくと威王を諫めた。王はこの忠告を聞き入れ、酒宴を中止したという。

このとき、酒宴の乱れ具合を例えて言ったのが「杯盤狼藉」。この逸話から散らかり具合を意味する熟語となり、日本に伝わると「狼」という字の荒々しさから「乱暴者」という意味に変化したという。

乙女

乙の由来は十干か それとも当て字か

年の若い女性を指す「乙女」は、清らかで汚れなき少女を連想させる。この「乙」の由来はふたつの説があり、ひとつは「甲乙」の乙だとされる。

かつての日本では、順位や物の良し悪しを「甲乙丙丁……」という十干で表していた。十干はもともと年や日を表す数詞で、これに「子丑寅卯……」の十二支を組み合わせたものが干支だ。

最も良いのは甲、その次が乙。そこから大人より一段階若い人間、つまり若者のイメージが生まれ、女という字を付けて「年下の若い女性」を表現したといわれる。

もうひとつは「当て字」という説だ。乙女の由来は、古代で若い女性を指す「をとめ」であるといわれる。特に未婚の女性を指し、「をと」は「年若い」、「め」は女。それらを合わせて「をとめ」と書かれ、やがて「おとめ」に変化した。これに音の似た漢字を当てはめたのが「乙女」であるというのだ。

男の語源である「をとこ」の由来も、乙女と同じく「若い」を意味する「をと」である。こうした共通点から、当て字説を支持する声は多いという。

令嬢(れいじょう)
令和の「令」と同じだが何か関係が?

上流階級の娘を敬う呼び名が「令嬢」。「深窓(しんそう)の令嬢」も滅多に人前には出ない高貴な娘という意味だ。

そんな「令」には「美しい」という意味があり、現在の元号「令和」の「令」も同じ。典拠とする『万葉集』梅花の歌32首の序文には「初春の令月にして気淑(よ)く風和(やわら)ぎ」とあり、ここから「人々が美しく心を寄せ合う中で、文化が生まれ育つ」という意味が込められたという。

また、「令」は神託を受ける人の形から成り立った象形文字であることから、「神様のお告げ」や大臣・官人の「布告」の意味を持つ。

神のお告げはいつも正しいとされるので、「いつも正しいお嬢様」という敬意を込めたともいわれている。

なお、「令」は「令息」「令夫人」のように娘以外にも使われるので、見た目だけではなく気持ちや仕草なども「美しい人」と考えられる。そうなると、「美しい説」と「正しい説」は同じ意味合いだと受け取ることもできるだろう。

御曹司（おんぞうし）　なぜ名門の子息のことを指すのか?

現在、「御曹司」といえば名門の子息を指す。しかし本来の意味は、役人や貴族の「詰所（つめしょ）」である。

古代中国では役人の詰所を「曹司」と呼んでいて、平安時代の日本でも官署の部屋名として採用されている。そこに住んだのは、主に女官、役人、そして未婚の貴族の子息だった。やがて曹司は、部屋住みの未婚貴族を指すようになる。そこに尊敬の接頭語である「御」を付けて、「御曹司」という形になった。

これを全国に広めたのは源氏だ。平安末期、朝廷を支配した平家は後継者を公達（きんだち）と呼んでいたが、源氏はこれに反発し棟梁（とうりょう）の跡取りを御曹司と呼びはじめた。源頼朝と義経の兄弟も同様に呼ばれていたようだ。

その後の戦乱で源氏が勝利し、御曹司は武家社会に広まる。そして名門の子息を指す意味に変化したのである。もし平家が勝っていたら、子息を指す言葉は「公達」だったかもしれない。

会釈（えしゃく）
お辞儀とは関係なさそうな漢字だが…

会釈は挨拶で交わされるお辞儀のことで、軽く頭を下げる程度のものをいう。だがこの語には、思いやりという意味もある。その由来は仏教用語の「和会通釈（わえつうしゃく）」だ。

和会通釈とは、仏教の経典を矛盾なく解釈すること。詳しくいえば、異なる教義の根本に共通する真実を明らかにする議論のことである。

いっけん矛盾している教えの共通点を探るには、違う経典への配慮も必要だ。そこから、「さまざまな物事を照合して解釈する」「状況に即して配慮する」という意味になり、さらに、相互の調和や気配りを指すようになる。そして名前も省略されて「会釈」となった。つまり会釈の「釈」は、解釈の釈だったのだ。

現在の意味になったのは江戸時代から。配慮や気配りが「応対」へと変化し、軽いお辞儀を指すようになったとされている。

断末魔（だんまつま）
急所である「末魔」を「断つ」ことから

死ぬときの苦痛や非常に苦しいさまを表す「断末魔」。字面（じづら）からして恐ろしげな言葉だが、その由来は仏教用語の「末魔（末摩とも）」からきている。つまり「断末・魔」ではなくて、「断・末魔」なのである。

「末魔」とはサンスクリット（梵）語の

marman（マルマン）の音写で、意味は身体にある特殊な急所のこと。「死穴」「死節」とも訳され、ここに何かが触れたり傷つけられたりすると、激痛を伴い死に至ると考えられていた。

断末魔は、「末魔という急所を断つ」ということからできた言葉であり、最も苦しむ状況を表しているのだ。

そのため、断末魔には「叫び声」の意味は含まれていない。したがって、「断末魔をあげる」という使い方は誤りで、「断末魔の叫び声をあげる」と書くのが正しい。

丹念（たんねん）

真心を意味する「丹」に黙して考える「念」

細部にまで注意を払い、丁寧に作業をこなすこと。それが「丹念」の意味だ。「入念」と同じ意味合いで、名詞として使われるほか、「丹念に〜」と形容動詞として用いられることもある。

「念」は、蓋をするという意味の「今」と心の中を意味する「心」で成り立つ会意文字だ。心の中に蓋をすることで、「言葉に出さず考えること」を表現したのが「念」である。

残る「丹」が意味するのは真心だ。丹は井戸の象形だが、水ではなく硫化（りゅうか）水銀の採掘井だった。硫化水銀を生成した水銀は、古代中国で不老不死の象徴。そんな硫化水銀の鉱石は赤色だったので、丹にも「赤」の意味が加わる。その赤から血が連想され、血の通った「本心」「真心」という意味が生じたのである。

つまり「丹念」は「考えること」と「真心」を組み合わせ、念入りに作業する姿を表したのである。

割愛（かつあい）

愛するものをやむなく割く！

「割愛」は、不必要なものを取り除くという意味だと思われることが多いが、本来の意味は「愛着のある部分を惜しみつつ手放すこと」。つまり、必要だけれど仕方なく捨てることをいう。

そんな割愛の「愛」が示すのは愛情と愛着で、仏教が由来の言葉だ。かつて出家するとは、家族や故郷、財産すら捨て去る必要があった。親や子、金やモノへの愛着を捨て去り仏教を選ぶ。そんな自らを「愛を割く」姿から「割愛」と言うようになり、やがて仏教的な意味が薄れて「惜しみ手放す」言葉になったという。

もしくは養蚕（ようさん）業に由来を求める説もある。カイコの交尾があまりに長引くとメスが弱ってしまうので、養蚕業者は頃合いを見て交尾を中断させる。その様子が「愛を割く」ように見え、「割愛」と呼びだしたという。

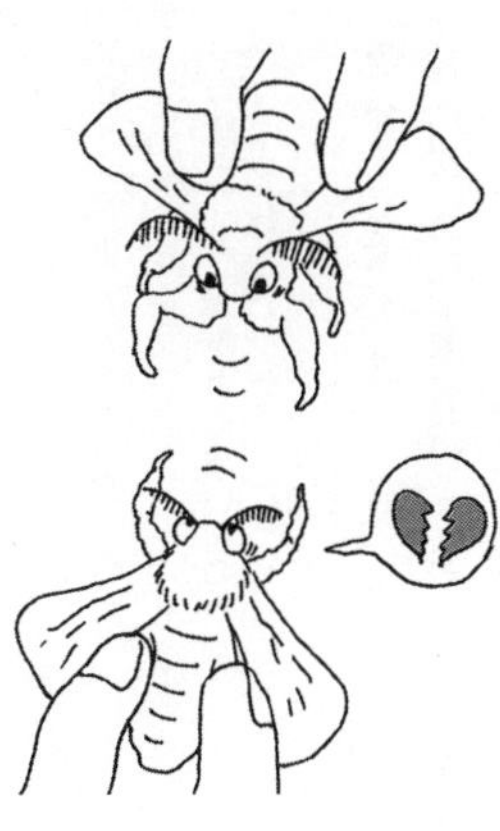

どちらの説も、愛をやむなく捨てるという根本は同じなようだ。

瓦解（がかい）「瓦」は壊れやすいものの比喩だった

「瓦解」の意味は、一部の欠陥が原因で全体が粉々に崩れ去ることだ。物や建物ではなく、国家や組織、秩序といった概念的な存在の崩壊を表現している。

解体や解散など、「解」には「バラバラにする」という意味がある。瓦解の「解」も、同様に概念の崩れを意味する。そして「瓦」が意味するのは「焼き物」、もしくは「瓦屋根」である。

焼き物全体を表す場合、砕かれた焼き物のように組織が崩れていくありさまを表現している。一方、瓦屋根を語源とする説では、瓦と屋根の倒壊の関係性が強調される。

うまく組み合わされた瓦は屋根全体を強固に支える。しかし災害や大工の手抜きで瓦が崩れ、さらに損傷を放置すると、雨漏りが屋根の中を浸食していき、家の崩壊を招きかねない。そこから組織の崩壊がイメージされて、一部の欠陥で全体が崩れ去るさまを「瓦解」というようになったとされている。

亀裂（きれつ）ひび割れと亀との繋がりとは？

「亀裂」はひび割れのことをいうが、亀の字が付くのは割れ方に理由がある。

ひび割れが一直線に入ることは、案外珍しい。力の入り具合や素材の強弱、または気温や気候の影響で、割れ目が曲がりくねっていくのが普通だ。亀の甲羅にも、割れ目のようなジグザグ模様が刻まれている。その姿と似ているので、「亀の甲羅のような裂け方」を縮めて「亀裂」と呼ばれはじめたという。

そんな亀裂という言葉の誕生には、古代の占いが関係するとの説もある。古代の日本と中国では、亀卜（きぼく）と呼ばれる占いがあった。その占いで使われたのが、亀の甲羅である。

その方法はというと、腹甲を乾燥させ、薄く加工した甲羅を、ひび割れが起きるまで熱していく、というもの。その裂け方で運命を占うのだ。このように亀を占術に使ってきた名残で裂け目を「亀裂」と呼んだともいわれている。

号泣（ごうきゅう）

大声で泣くことと「号」の関係は？

文化庁の調査によると、号泣は「激しく泣くこと」とする人が多いようだ。だが本来の意味は「大声で泣くこと」。似ているが、激しく泣くことは声を出すとは限らない。しかし大声で泣くことは、文字通り声を張り上げる。こうした声の有無が最大の違いである。

そんな言葉に使われる「号」には、「大声を上げる」という意味がある。号の旧字体は「號」であり、3つの文字の形と意味を合わせて成立している。まずは「口」と曲がった刃物を指す「丂」で曲がるほどの大声を表現し、さらに「虎」を付けることで「虎のように大声で吠（ほ）える」意味になったのだ。

一説によると、生贄が苦しむ様子から生まれたともされる。そうした「號」から、虎の字と意味を省略したのが現在の「号」であり、号令や怒号の「号」も大声を出す点は同じである。

宿敵(しゅくてき)

どうして宿の字が付いているのか？

ずっと前から戦ってきたライバル。そうした意味を持つ言葉の「宿敵」の「敵」は、対立中の相手なのでわかりやすい。ならば「宿」の字が付く理由とは？

「宿」には宿泊所の他に、「前々」という意味もある。年来の悪習を指す宿弊(しゅくへい)、以前からの悲願である宿願(しゅくがん)の宿も、同じ意味である。

「宿」は人べんに、寝具をかたどった「百」、建物を指す「うかんむり」を付けて、人の宿泊場を表している。他にも祖先の霊を祀(まつ)る霊廟(れいびょう)が由来という説もある。

そうした人や魂が泊まることから、留まる・留めるという意味も持ち、やがて「前々」という意味が生じたようだ。また、中国語で「以前」を意味する夙(しゅく)と読みが同じなので、宿にも同じ意味が当てられたともいわれる。

方舟(はこぶね)

箱舟でも方船でもなく方舟であるわけ

主なる神は、堕落した人間たちに見切りをつけ、大洪水で滅ぼすことに決めた。だが、神に忠実な善人・ノアには、大型の船をつくって家族とさまざまな動物のつがいを乗せるよう指示。やがて大水が押し寄せたが、船に乗っていたものは助かった。

これが旧約聖書に記された「ノアの方舟」の伝承で、方舟とはノアがつくった「箱型の船」をいう。

「方」の字は、「土を掘る道具」か「農具」からの象形とする説がある。取手が左右に突き出ていたので「方向を示す」という意味になり、さらに、「道」や「曲がり角」の意味が派生し、「方形(四角形)」を指すようになった。伝説の方舟は、幅と高さがほぼ同じ「箱型船舶」。その形状から、聖書を翻訳する際に「方舟」とされたようだ。

だが「舟」は、本来はボートのような小型の舟を指し、大型船は「船」と記して区別されている。伝説の方舟は全長約135メートル、幅約22メートル、高さ約13メートルとされるので「方船」としてもよさそうなものだが、動力がなかったので「舟」の字が当てられたと考えられる。

風紀(ふうき) 規律の意味合いはどこからきている?

「風紀」とは日常生活や組織内における規律や風習のこと。男女間の交際における規律も表し、男女関係の乱れを表す「風紀紊乱(びんらん)」という熟語もある。

風紀の「紀」は「糸」と「己」を合わせた形声文字である。当初は「糸の仕分け」を意味し、それが転じて「整理する」「治める」「正す」の意になった。

一方の「風」は空気の動きのことではない。風は、風を受ける帆の象形である「凡」を音とし、空を進む龍を指す「虫」を合わせた形声文字だ。そこから「空気の流れ」を表し、やがて社会全体の「雰囲気」や「ルール」の意味も派生した。

つまり、風紀の「風」は「世間の空気」や「規律」のことで、そこに「正しい」を意味する「紀」を付け、「場の空気や規律を正す」ことを表したのだ。

肉薄（にくはく）

相手に押し迫ることを〝肉が薄い〟と書くのは？

「肉薄」の意味は相手に強く押し迫ること。戦闘のイメージが強いが、スポーツで相手チームを「追い詰める」ことや、議論で「強く問い詰める」ことも指す。

肉は文字通り「肉体」を指し、薄は「迫る」の意味がある。これらを合わせ、「体がぶつかるほど迫る姿」を表したのが「肉薄」なのだ。

その語源は中国の戦術だ。歴史書『元史（げんし）』に、「肉薄骨并」という戦術が登場する。「骨并」は骨を並べるという意味で、肉や骨が並ぶほど密集し、敵陣に迫る戦い方を表した。この「肉薄骨并」を略したのが「肉薄」だ。

当初は敵と肌が触れ合うほどに接近する姿を表し、そこから「相手を追い詰める」という意味が生まれ、スポーツや議論の場でも用いられるようになった。

なお、「肉薄」は現在「肉迫」とも書かれる。どちらでも正解だというが、やはり「肉薄」の表記が一般的なようだ。

冒頭

最初と言いたいなら「頭」だけでよさそうだが…

文章や話の頭の部分を指すのが「冒頭」だが、その範囲に具体的な基準はない。じつのところ、話の最初という意味もあるので「頭」の一文字だけでも意味は通じる。では、なぜそこに「冒」の字まで付くのか。

「冒」は、被り物の「曰」と「目」から成り立っている。当初はそのまま「覆うもの」を意味し、やがて音が似た「矛」と「戊」に通じて「押し切ること」や「(危険を)おかす」の意に派生した。冒頭の「冒」は、前者の「覆う」から転じたもので、「冒険」「冒瀆」などは後者からだ。

「冒」に「頭」の字を付けると「頭を覆う」という意味になる。そして「頭」は体のてっぺんにあるので、そこを覆うものから「最初」が連想された。そこからさらに変化して、「文章や物事の頭部分」になったのが、冒頭なのである。

立派

派を立てることがなぜリッパ？

「立派」とは「見事な人物」や「優れた部分」に使うほめ言葉だ。言葉の由来は仏教だとされるが、その説は大きくふたつに分かれる。

まずは「宗派の設立」説。立には「成り立つ」という意味もあり、派は「一派」や「派閥」を指す。これらの意味から、仏教では、「宗派を立てる」ことを「立派」と呼んだという。そして、独立した宗派を立てるには、僧侶の深い見識と行動力が必要になる。そこから、「優れた人物」という意味になったというものだ。

もうひとつは、仏教用語の変化とする説だ。仏教には「因明」という倫理学があり、たびたび僧侶同士の討論も行なわれた。その最中に、論を立て、相手をうまく言い負かすのに長けた姿を「立破分明」と呼んだ。そこから「真面目できちんとした様子」という意味が付き、「立破」の文字が抜き出される。

この「破」を同じ読みの「派」に置き換え、現在の立派になったという。

乾燥 「乾」はわかるが「燥」はどういう意味？

「乾」はそのまま「乾く」を意味する。へんは長旗竿、つくりはジグザグを表す象形文字で、当初は「天」を意味していた（140頁の「乾坤一擲」参照）が、のちに「かわく」ことも指すようになる。では「燥」の意味はというと、こちらも「かわく」、もしくは「火」を意味するという。

「燥」はふたつの漢字の意味を合わせた会意文字でもあり、音の漢字と意味の漢字を合わせた形声文字でもある。

燃えることを意味する「火」と、木の上で多数の鳥が騒ぐ様子を表した象形文字を合わせることで、炎が燃え盛って乾くことを表した。同時に「喿」の読み方である「そう」を組み込むことで、「燥」の漢字が誕生したのだ。

つまり、同じような意味を持つ「乾」と「燥」を合わせることで、乾く意味を強調しようとしたのだろう。

屈服（くっぷく）　衣類の「服」ではないことはわかるけれど…

「屈服」は、相手の力や勢いに負けて服従することをいう。「屈」には「かがむ」や「挫（くじ）ける」という意味がある。人間は負けたり挫折したりすれば膝をつく。そこから服従する姿も指すようになり、屈服に付く屈も「従うこと」を表している。

この屈服や服従の「服」は、もちろん衣服を指すわけではない。これは「服する」、つまりこちらも「従う」という意味を持っている。

「服」という漢字は、「月」が渡し舟を表し、膝をついて手を差し伸べる人（「𠬝」）を表すことから、船の側面に付ける板を表した。その板を船体に付けることから「身に着けること」が連想されて「衣服」という意味が付く。さらに膝をつく人の象形から「従う」意味が結びついた。

屈した人間を表す「屈」と従属を指す「服」。これらを合わせた「屈服」は、同じ意味を持つ字を重ねて強調した言葉なのだ。

形骸化（けいがいか）

死体を意味する「骸」が入っているわけ

組織や法律などが実態を失い、形式だけしか残らない状況を示す言葉が「形骸化」だ。「育休制度を誰も使わず無意味になる」「評価制度の基準が何年も変わらないので機能不全になる」など、機能性や柔軟性を失った状況を表現している。

「形骸」とは中身を失ったもの。つまりは生命のない肉体や白骨を意味していて、「骸」は「骨」の意味と「亥」の音で構成された会意文字である。

当初の「骸」は骨と中心核を表し、やがて肉体で最も固い骨格を意味するようになった。そこに姿形を強調する「形」を合わせた言葉が「形骸」だったのだ。

やがて「人骨」から、建物やルールの骨組みという意味も持つようになり、生まれた言葉のひとつが「形骸化」。組織やルールが、白骨のように中身のない存在へと変わっていく状況を白骨化になぞらえたのである。

玄人（くろうと）

昔は読みどおり「黒人」とも書いたって?!

「玄人」とはある分野に精通した人で、つまりはベテランや専門家のこと。ただし、昔は「黒人」とも書かれていたという。もちろん、アフリカ系アメリカ人などの人種とは関係ない。

「黒」は囲碁の石を意味し、上位の棋士は黒石を使うことからベテランを指す用語に使われた。やがて黒→玄に変化し

陰陽五行説における方角・色・霊獣の関係

て、現在の「玄人」になったとされる。

世の中の森羅万象を陰陽と5つの要素で表す中国古来の思想・陰陽五行説では、北を黒、東を青、南を赤、西を白、中央を黄に当てはめ、それぞれの方向を守る霊獣が玄武・青龍・朱雀・白虎・麒麟とされた。つまり、玄は黒を意味するのだ。

文字が「黒」から「玄」に変化した理由は、「黒」には色としてのイメージが強く、五行説で採用されている「玄」のほうが、より強く優秀さを表せるからだとされている。

そんな玄人の対義語である素人も、もとは「白人」と書かれていた。当初は「しらうと」と読まれていたが、江戸時代頃に「しろうと」に変化。白が、ありのままを表す「素」に変化して素人になったという。

互角（ごかく） お互いの角の優劣ということではない

互いの力が拮抗（きっこう）している状態を指す「互角」。「互」は相対する両者を意味し、「角」は牛の角に由来する。

かつての互角は「牛角」と書かれていた。牛の角は左右で太さ・長さに違いがなく、そこから「並びたつ者に優劣がない」という意味になったのだ。

闘牛でぶつかり合う姿が由来とする説もあるが、日本では地方のマイナーな行事だったので、言葉の由来になったとは考えにくい。

実際に、『平家物語』には「仏法王法牛角也（仏法と王の法は調和できる）」、室町時代の『太平記』にも「牛角ノ戦」という記述がある。これらから、室町時代の初期までは、「牛角」表記が普通だったのは間違いない。

そして室町時代も中期以降になると、より両者の意味合いが強い「互」と書くようになる。江戸時代までには「互角」が主流となったが、元禄時代に歌舞伎役者の芸談などを集めた『役者論語』のように、牛角表記も根強く残ったようだ。

棟梁（とうりょう） 建物の重要部分という意味から派生した

「棟梁」とは大工仕事に携わる職人を束ねるリーダーで、「親方」とも呼ばれる。集団の中心人物も意味するが、その場合は「頭領」を用いることが多い。

「棟」とは建物の棟(むね)を指し、「梁」も家屋における梁(はり)のことだ。つまり、建物の重要部分を表したのが当初の「棟梁」だった。やがて、重要部分の意味が転じて集団の中核、つまりは「かしら」を指すようになった。平安時代末期には、武士の頭(かしら)や領地の統治者にも使われ、平清盛や源頼朝は、それぞれ「平氏の棟梁」「源氏の棟梁」だった。

戦国時代でも、一部の地方領主は棟梁と呼ばれていたようで、やがて技術集団の長という意にも変化。つまりは職人業界のまとめ役のことを指し、大工はそのうちのひとつでしかなかったが、江戸時代頃に建築作業を監督する大工を棟梁と呼ぶようになったとされる。

倶利迦羅紋紋(くりからもんもん)

入れ墨とは全く関係なさそうだが…

昭和の任侠(にんきょう)映画では、入れ墨のことを「紋紋」や「倶利迦羅紋紋」と呼ぶシーンがある。これは本来、倶利迦羅という竜王の姿を彫った入れ墨を指した。

倶利迦羅竜王とは、インドに伝わる八大龍王の一王「クリカ」のこと。その像は、岩の上に突き立てた宝の剣に、炎に包まれた黒龍が巻きついている姿だとされ、不動明王の化身ともいわれている。

紋紋は、紋章や家紋のように「模様」を意味する「紋」を重ねた言葉。つまり、倶利迦羅紋紋は「倶利迦羅竜王の模様の入れ墨」ということになり、それが入れ墨全般を表すようになったとされる。

ちなみに、倶利伽羅紋紋は「倶利伽羅」と「紋紋」を足してつくられた言葉ではなく、倶利伽羅紋紋から派生して「紋紋」だけで入れ墨を意味する言葉として使うようになったという。

青二才　二才という微妙な年齢なのはなぜ？

「この青二才が」と罵るように未熟な若者を嘲る形で、または「私のような青二才が……」と謙遜の形でも用いられる「青二才」。「青」は未熟を意味する接頭語で、まだ熟していない青い果実や、陰陽五行説で「春」に相当する「青」から連想されたようだ。

「二才」については「新背」の変化という説もあるが、最も有力なのは魚の稚魚だ。ボラという魚は、稚魚の間は「二才魚」と呼ばれる。そこから江戸時代の人人は、未熟者を意味する「青」と幼い魚を指す「二才」をくっ付けた。そうして「稚魚のような未熟者」の意になったのが「青二才」なのだ。

折檻　檻をへし折るほどの暴力ということか

「折檻を受ける」「折檻を加える」には、体罰のように暴力行為を含むイメージがある。だが、もとの意味は強く諫めること、つまり目上の人に過ちを改めるように忠告することを指していた。

折檻の「折」は、そのままへし折る意味だが、「檻」は牢屋ではなく欄干（手すり）である。中国の歴史書『漢書』によると、前漢の役人・朱雲が皇帝の過ちを諫めたことがあった。しかし皇帝は激怒し、朱雲を処刑しようとした。朱雲は宮殿から連行されそうになるが、廊下の手すりにしがみつき抗う。その抵抗は、手すりが折れるほど激しかった。

結局、皇帝は処刑を中止し朱雲の忠告を受け入れる。

この故事から生まれた言葉が「折檻」で、やがて「強く諫める」が「厳しく叱る」に転じ、昔は躾として親や教師が子どもを殴ることも多々あったことから、体罰を加える意味に変化したのだ。

椿事 椿の花はそんなに珍しいものだった？

「椿事」は「珍事」と同じ読みだが意味が異なり、珍事は文字通りに「珍しい出来事全体」を指すのに対し、椿事は「予想外の重大な事件や出来事」をいう。椿事のほうが、より深刻だといえよう。

「椿」は植物のツバキのこと。春に咲く花なので、「木」と「春」で「椿」になったという。そんな花が重大事件を表す言葉に使われたのには、ふたつの説がある。

ひとつは、古代中国の思想書『荘子』が由来とする説だ。この書によると、中国には「大椿」という伝説の大木があり、滅多に花が咲かないため開花すると大騒ぎになった。そこから重大事件を「椿事」と呼びはじめたとする。

もうひとつは、中国で出来事を表す「椿事」の「椿」を「椿」と書き間違えた説だ。間違いがそのまま定着したとしたら、それはなかなかの「珍事」だろう。

伯父・叔父
父親の兄か弟かでなぜ字を書き分ける？

両親の男兄弟を「おじ」という。ただ、同じ読みでも伯父と叔父は違う。まず「伯父」は、自分の親の兄を指す。伯は「人」と「白」を合わせて、一族の長を表している。

白は白骨化した頭部の象形で、古代中国には偉人や敵の首長の頭蓋骨を保存しておく習慣があった。そこから、家長（父）の意に通じたからだ。

一方の「叔父」は自分の親の弟のこと。叔の漢字は手を表す「又」と棒に巻き付く蔓の象形で構成される形声文字で、手でツルの豆を摘まんでいる姿を表している。そこから、豆→小さい→年若いと意味が変化していき、若い親戚を表現したのである。

なお、大家族制で長幼の序が厳しかった中国では、兄弟姉妹の最年長を「伯」、2番目を「仲」、3番目を「叔」、最年少を「季」としていた。この伯と仲は大差がないことから「実力伯仲」という言葉が生まれている。

外連
邪道ワザを意味する歌舞伎用語だった

「外連」は、ごまかしやハッタリを意味する言葉で、その語源は歌舞伎の演出技法にある。江戸時代後期の歌舞伎では、正統派の演技を重んじる一方で、宙返りや仕掛け物などウケ狙いの演出も目立っていた。

　こうした見た目重視の演出を歌舞伎では「ケレン」と呼び、やがて、王道ではない邪道の意味となったのだ。

　明治時代以後にはこの言葉が文章や映画界などにも広まり、意味も「ハッタリ」へと変化。

　そして、状態や度合いを示す「味」の字で意味を強調したのが、現在の「外連味」である。

　当初、外連味は批判的な言葉として用いられ、語尾に「ない」を付けて「外連味のない」とすれば、正統であるという意味のほめ言葉になった。しかし、今では「外連味のある映画」というふうに、奇抜もしくは派手な演出への評価としても使われている。

息災（そくさい）

「災」と書くのに健康を意味するわけ

「息災」は健康であることを意味し、健康で病気もない状態を表す「無病息災」という四字熟語もある。しかし、なぜ健康を表す名詞に「災い（わざわい）」という逆の意味を持つ字を使うのか？　その由来は仏教にある。

　本来の「息災」は仏教用語で、その意味は、仏の力で現世の災いを止めること。息は「呼吸」だけではなく、「いこう」「やすむ」の意味や、「とどめる」や「やめる」の意味もある。そこから仏の力で罪、苦難、災厄を押し止め、衆生（しゅじょう）の世を安定させることを指していた。やがて仏教的な要素が薄まり、単に、健康や無事である様子を表すようになった。

また、かつては「息災だ」と形容動詞的な活用もされたという。鎌倉末期の随筆『徒然草』にも「息災なる人」と記されているが、現在では動詞として用いられることは少ない。

傾城 城を傾けてしまうほど魅力的な女性がいた！

絶世の美女のことを指す言葉が「傾城」で、城を傾かせるほどに美しい女性を意味する。日本では遊女の別称にもなっていて、それも太夫や花魁といった最高峰の位の女性である。また歌舞伎の女形や演目の一種にも使われるなど、芸妓の世界とも縁が深い。

傾城の語源は古代中国の史書『漢書』の「外戚伝」にある記述で、この中で北方にいるという美女を「一顧傾人城、再顧傾人国」と表している。訳すと「彼女が一度振り向けば城は傾きそうになり、二度振り向けば国が滅ぶ」。

また、古代中国において、城は国を表し、「傾く」には状況が悪くなるという意味もある。つまり、君主が美女に夢中になりすぎて政治を怠け、国が衰える様子も示している。歴史上では、殷の紂王を堕落させたという妲己、唐の玄宗帝に寵愛された楊貴妃が傾城にあたるとされている。

3章

●腐っていないのに、なぜ「豆腐」？

身近なモノの名前の想定外すぎる由来

椅子(いす)――「椅」で腰掛けの意味なのに、なぜ「子」が付く?

「木に寄りかかる」が「椅」という漢字の意味。寄りかかることができるもの、つまりイスというわけで、1文字だけでイスを表すことも不可能ではない。それでも「子」の字が付くのは、中国での名称に由来する。

古代の日本では、漢字でイスを「倚子」と表記し、「いし」と読んでいた。「倚」は寄りかかること、「子」は「帽子」「茄子(なす)」などのように物の名に付く接尾語である。それが奈良時代になると、中国の発音である「いす」が主流になる。その後、漢字表記も「椅子」となって現在に至っているのだ。

そんな椅子には「地位」「役職」の意味もあるが、これはかつて、椅子が特別な人間の所有物だったことに由来する。古代日本で椅子の使用を許されたのは、宮中の役人や豪族などの権力者のみ。しかも、身分で背もたれやひじ掛けなどに細かな違いがあった。庶民に広まったのは、洋間が取り入れられた近世以降だ。

こうした歴史から、「大臣の椅子」「社長の椅子」のように特別な地位を表す意味が与えられたのだ。

湯船（ゆぶね）——浴槽を「船」に見立てた…わけではありません

「湯船」とはバスタブ（浴槽）のこと。「湯舟」とも書かれるが、意味は同じだ。風呂を「船」に例えたのかと思いきや、じつは本当に「船」が由来なのである。

江戸時代、自宅に風呂を持つ人はほとんどなく、銭湯に行くのが一般的だった。しかも銭湯の主流は蒸し風呂式。浴槽にたっぷりと湯を張る風呂は、江戸時代中期頃まで普及していなかったのだ。

そんな時代に活躍したのが、船舶式の銭湯だった。内部に湯を張る浴槽をつくった船を河岸や海辺に止めて、周辺住人を入浴させたのである。もちろん有料だが、漁師や船舶業者、そして周辺に銭湯のない住人に喜ばれたようだ。

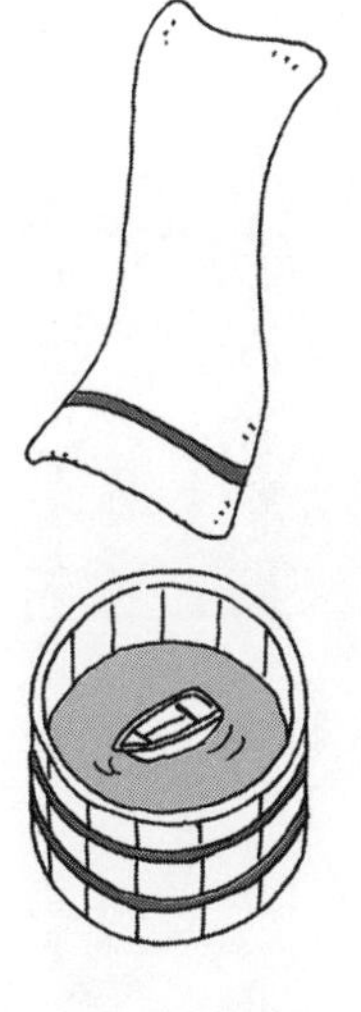

江戸時代の半ばには消えたようだが、この風呂場を付けた船から浴槽を「湯船」と呼ぶようになったという。

印鑑(いんかん)——もとは印影が載った台帳のことだった!

印鑑の「印」は一文字だけでハンコを意味する。実際、江戸時代には「印」だけでハンコを表していたように、本来「鑑」は必要ないはず。じつは、本来の「印鑑」が指すのはハンコではなく、その「印影」なのである。そして「鑑」は印影が載った台帳を意味していた。

江戸時代、武士も庶民も、印影を関所や番所に届け出る義務があった。その際には、押された印影と「鑑」に記録された印影を照合する。これが江戸時代の印鑑システムだった。

この制度は明治維新後に廃止が検討され、政府は欧米式の署名制導入を目指したが、庶民がハンコに慣れていることや手続きの複雑化などを理由に頓挫(とんざ)し、江戸時代の印鑑制度はそのまま踏襲された。それが現在の印鑑証明制度である。

やがて印と印鑑の意味が混ざり、ハンコそのものを指すようになったという。

団扇（うちわ）――「扇」はわかるが、「団」はどこからきている？

「うちわ」は扇（あお）いで風を送り、涼を得るための道具。そんなうちわを漢字で書くと「団扇」。「扇」は開き戸と両翼の象形を合わせた会意（かいい）文字で、ひろげた羽のように扇ぐ道具を表す。そして「団」は丸いという意味である。

そもそも、団は旧字で「團」と書き、「丸める」の意味を持つ「専」を四角で囲った形だ。そこから丸くまとめ上げることを意味し、転じてひとまとまりの集まりや物を表す字になる。集団や団体の「団」は、ここからきている。さらに、丸いという意味も加わり、「丸い扇」でうちわを表すようになった。

団扇の字は中国で生まれ、日本でも同様の意味で広まった。一部では打羽とも記されていたが、現在では団扇で統一されている。

孫（まご）の手（て）――仙女の手から孫の手に変わったわけ

手の届かない背中を掻（か）くのに便利な「孫の手」だが、語源は孫と関係がない。

孫の手の発祥地は中国で、当初の名前は「麻姑手（麻姑爪）」だった。この麻姑というのは古代中国の神話に登場する仙女のことで、若い女性の姿をしているが、手には鳥のような長い爪があったという。

仙人の逸話をまとめた『神仙伝』によると、麻姑の爪を見た後漢の蔡経は「あの手で背中を掻いてもらったら、どれほど気持ちいいだろう」と考えてしまい、仙人の罰を受けたという。この神話から、背中を掻くための道具を「麻姑手」と名付けたとされる。

これが日本に伝わると、麻姑の字が「孫」に置き換えられた。麻姑の呼び名は日本人に馴染みがなく、そのうえ小さな手を模した形が孫の手のようだったので、「孫」の字に変えられたとされている。

地下足袋——本当に地下で働く人たちが履いていたから？

地下足袋は、親指とそれ以外の指の部分が二股に分かれた作業用の履物をいう。名前の由来は、直に履く足袋だからとされ、「地下」は当て字ともいわれる。だが、別の説もあり、それは、本当に地下で使われたからというものである。

地下足袋が開発されたのは大正時代。発売元は日本足袋会社、現在のタイヤメーカー・ブリヂストンである。

社長の石橋徳次郎は、外国人のゴム製靴に目を付け、日本独自のゴム製作業靴の開発に着手。1922年に完成したのがゴム底を付けた地下足袋だった。商品名は「アサヒ地下足袋」。当時は炭鉱採掘が盛んで、炭鉱夫が働く場所は当然地下だ。試供品を優先的に提供されたのも炭鉱だった。そうしたことから、地下で使う足袋という意味で「地下足袋」と命名された、とする説もある。

こうして発売された地下足袋は、履物革命と呼ばれる大ヒット商品となり、現在もとび職などの作業靴として、また祭礼で山車（だし）を引いたり、神輿（みこし）を担（かつ）いだりするのにも愛用されている。

鳥居（とりい）――文字通り「鳥」の「居る」ところか

神社の参道入り口などに立っているのが「鳥居」で、そこから先は神域とされる。また京都・伏見稲荷大社には朱色の鳥居が数多く並べられ、「千本鳥居」として有名だ。そんな「鳥居」の語源は諸説あるが、有力なのは、その名の通り「鳥が居るところ」というもの。平安時代の辞書『倭名類聚抄』には「鶏栖」と書かれ、その意味は「鳥の居る場所」となっている。

古代において鳥は死者を霊界に運ぶ使者、もしくは太陽神の使いと信じられることもあった。神武天皇を熊野から大和に導いたのは3本足の八咫烏であり、弥生時代の遺跡からも鳥をかたどった木製の遺物が発見され、古墳にも鳥の埴輪が見つかるのは、そのためだと考えられている。こうした「鳥」と「神霊」との繋がりから、「鳥居」という名が結びつけられたともいわれている。

ただし、この説を裏付ける証拠はなく、「通り入るが変化した」「南方の魔除けの習俗」などの説もあり、確たる語源は不明のままである。

加薬ご飯——薬を加えるとはどういうこと？

「加薬ご飯」とは、いわゆる五目ご飯のことで、主に大阪を中心とした関西で使われている呼称だ。ではなぜ「加薬」と書くかというと、江戸時代に端を発する。当時の大坂には薬問屋が多く、混ぜることを「加薬」と表現していたからという。

また「加薬」は、薬の効果を高めるための補助薬（を加えること）を指したという説があり、そこから副材料の入ったご飯やうどんを「かやくご飯」「かやくうどん」と呼ぶようになったともいわれている。

さらには、同じ頃に昆布とカツオの合わせだしが大坂で誕生。この合わせだしと旬の野菜の残りを加えて炊けば栄養価を高められるため、それが一般にも浸透し、だしで炊いた野菜の混ぜご飯を「加薬ご飯」と呼ぶようになったという説もある。

鉄火巻き(てっかまき)――マグロとはいっけん関係なさそうだが…

マグロをシャリと海苔で巻いた細巻き寿司を「鉄火巻き」というが、「かんぴょう巻き」や「納豆巻き」のように素材の名前を反映していない。ではなぜ、その名が付いたかというと、ふたつの説がある。

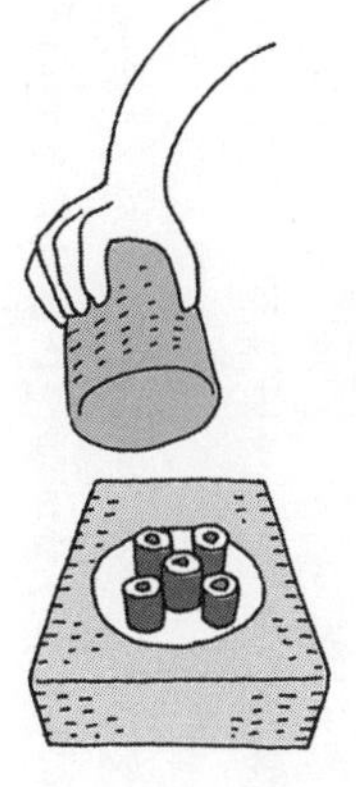

まずは「熱した鉄」を由来とする説。マグロを細身にすると、熱された鉄棒のようになる。そこにワサビの火のような辛さが合わさるので、「鉄火のような巻き物」と呼ばれたという。

もうひとつは江戸時代の博打場を由来とする説だ。博打に熱中すると「焼いた鉄」のように気分が燃えることから、博打場は「鉄火場」とも呼ばれていた。そして、博打の最中に提供された手軽に食べられる巻き物が「鉄火巻き」だという。

ちなみに、同じくマグロを使ったネギトロ巻きは、骨についた身を「こそげ取って(ねぎ取って)」巻いたものをいい、野菜の「ネギ」とマグロの部位である「トロ」が語源というわけではない。

助六寿司(すけろくずし)——歌舞伎の演目からきた名前だった

巻き寿司と稲荷寿司を詰め合わせた「助六寿司」が生まれたのは、江戸時代のこと。贅沢(ぜいたく)禁止令で握り寿司がつくりづらくなり、代わりに値段の安い稲荷寿司や巻き寿司の人気が高まる。そして、これらを詰め合わせた弁当がつくられたのがはじまりとされる。

「助六」という名前の由来は、歌舞伎の「助六由縁江戸桜」から。この演目は上演時間が3時間以上もあり、幕間では客がつまめる寿司のセットが売られていた。そのメニューが巻き寿司と稲荷寿司だったので、演目名から「助六」と名付けられた。

もしくは登場人物の名前という説もある。「助六由縁江戸桜」の主人公は江戸紫色の鉢巻をした助六で、ヒロインは花魁の揚巻だ。この紫鉢巻を海苔に見立てて巻き寿司、揚巻の名から油揚げ→稲荷寿司が連想されて、ふたつのセットを「助六寿司」と呼びはじめたという。

伊達巻——戦国武将・伊達政宗との関係は？

お正月のお節料理で欠かせない伊達巻。その語源は複数あり、まずは、伊達＝おしゃれ説。煮物で地味な色が多いお節料理の中で、美しい黄色が目立っていることが由来という。

別の説では、伊達巻という着物の帯が由来とされ、幅が狭く、着物にくるくると巻きつける見た目が似ていることから、この名が付けられたという。さらに、戦国武将の伊達政宗の好物だったという説もある。

ちなみに、おしゃれな男性を意味する「伊達男」「伊達者」は、派手好みの伊達政宗に由来するとの説もあるが、「男伊達」のように「それらしく見せる」という意味の「だて」が政宗の時代以前から存在することから、俗説とするのが有力だ。ただし、「だて」に伊達の字を当てたのは、やはり政宗に由来するともいわれている。

蒲焼（かばやき）――ウナギの串焼きがガマに似ていたから

ウナギを開いてタレをつけ、炭火であぶる「かば焼き」。「かば」は漢字で「蒲」と書き、これは植物のガマのことだ。

「蒲焼」という言葉は室町時代からあるというが、当時の調理法はウナギをぶつ切りにしてから串焼きにするもの。現代のように、身を開いてから焼く料理になったのは江戸時代からだとされる。

ガマは先端が長細く膨らんでいるのが特徴で、その姿がぶつ切りにしたウナギと似ていた。そこから蒲の穂のような焼き串という意味で「蒲焼」となったという。

香りが語源という説もある。ウナギを焼くと香ばしい匂いを楽しめるので、最初は「かんばや」と呼ばれていた。それが「香疾」となり、さらに訛（なま）って「蒲焼」になったという。または、焼きあがった色が蒲の木に似ていたからという説もある。なお、かまぼこも、もとは魚のすり身を竹輪のように串にさして蒸したり焼いたりしていた。その形が鉾のようなガマの穂に似ていたことから名付けられ、漢字では「蒲鉾」と書く。

魚介類——「貝」ではなく「介」としているわけとは

魚貝類と魚介類。両方とも読みは「ぎょかいるい」だ。魚貝類は魚と貝、魚介類は魚と水生動物を表しているという違いがある。

そもそも「介」には「付き添い助ける」という意味があり、「介抱」や「介助」という形でも使われている。やがて誰かを助ける姿から、誰かを守る＝体が硬いという意味に変化し、防具や甲殻類を指すようにもなったとする。

つまり、魚介類とは当初、魚とエビやカニ、そして貝などを指した言葉で、タコやイカ、ウニ、ナマコなどは含まれなかった。今では水生動物全般を指しているが、動物でないワカメや昆布などは、「海藻類」として区別され、これらを含むと「水産物」となる。

なお、魚貝類の「魚貝」は、音読みと訓読みが合わさる重箱読みなので、「ぎょばいるい」が正しいともいわれている。

豆腐(とうふ)――大豆を腐らせているわけではないのだが…

大豆をすり潰した煮汁にニガリを加えて固めたのが「豆腐」。大豆を発酵させたのが「納豆」だ。発酵と腐敗はどちらも細菌の働きで行なわれるため、本来は納豆に「腐」の字を、豆腐に「納」を当てるべきだ、とする意見もあるし、「日本に伝わる際に入れ替わった」という俗説もある。

だが、これは誤りで、日本に伝えた中国でも豆腐の名称は「豆腐」。一方の「納豆」は日本独自の名称である。

豆腐の「腐」は「腐敗」ではなく、固体と液体の中間的なものを指し、中国にはチーズに似た「乳腐(にゅうふ)」という食べ物もある。そのため豆腐も、これらの漢字を合わせて「固体でも液体でもない大豆の食べ物」という名が付いたのだ。

ちなみに「納豆」の語源は、「禅寺の納所(なっしょ)(倉庫)でつくられたから」「神様に納めたから」「稲藁(いなわら)に納めた豆だから」など諸説ある。

心太（ところてん）――「心が太い」と当てた理由は何？

関西では黒蜜で、関東では酢醤油で食べるトコロテン。これを漢字で書くと「心太」となる。

心太の由来は古代語の「古々呂布止」だとされる。読み方はココロブト。その意味は、材料であるテングサだ。これに当て字されたのが「心太」である。

当初は古称と同じ読み方をされていたが、江戸時代からトコロテンに改称された。なぜ変化したかは諸説あるが、読み方の訛りという説が有力だ。

江戸のトコロテン売りが「ココロブト、ココロブト」と売り声をかけているうちに、ココロブト↓ココロテイ↓ココロテン↓トコロテンと変わっていった。トコロ

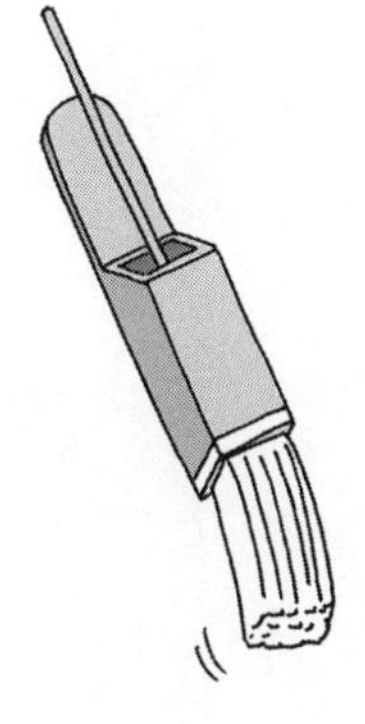

テンで落ち着いたのは、江戸時代の後期だという。

羊羹（ようかん）――漢字の意味が「ヒツジのスープ」なのはなぜ？

小豆（あずき）に砂糖と寒天を混ぜて固める「羊羹」は、中国由来の食べ物だが、本来は羊肉と野菜を混ぜ合わせた「羹（あつもの）（スープ）」だった。つまり、羊羹の「羊」は、文字通りヒツジの肉を指していたのである。

なぜ肉のスープが小豆の菓子になったのかというと、有力な説が仏教の肉食禁止だ。羊羹は禅宗と共に伝来したが、当時の日本仏教では肉食が避けられていた。そこでつくられたのが、小豆を使った代用料理である。

ただし、この頃の羊羹は小豆を羊肉に似せた汁物だった。寒天を混ぜる羊羹がつくり出されたのは戦国後期から江戸時代。幕末頃に本来の「羊羹」に砂糖を混ぜて寒天で固める手法が編み出され、和菓子の一種になったという。

なお、じつは中国にも小豆と砂糖を混ぜた「羊肝餅（ようかんもち）」という菓子がある。このことから、日本に伝来したのは汁物ではなく「羊肝餅」。「肝」と「羹」の音が似ていたので、誤用が広まったとする説もある。

饅頭（まんじゅう）——なぜ「頭」という字を当てる？

「饅頭」は、水でこねた小麦粉に具材を入れ、丸く形を整えて蒸す料理のこと。中国からの伝来品で、日本に伝えられた当初の具は肉だった。当時の日本では肉食を禁じられていたので肉をあんこに変えたという。饅頭といえば和菓子をイメージするが、肉まんが本来の形だったのだ。

饅頭の字もここから生まれたもので、饅はツヤがあるという意味を持つ「曼」に「食」を付けたものだ。そして、「頭」は丸い形を頭になぞらえたもので、「皮にツヤがある丸い料理」を表したのが「饅頭」である。

なお、「饅頭」の由来には別の説もある。『三国志演義（さんごくしえんぎ）』によると、諸葛孔明（しょかつこうめい）が南蛮征伐に出陣したところ、荒れた川に行く手を阻まれてしまった。そこで孔明は、人間の頭に似せた「肉まん」を生贄（いけにえ）がわりに川の神に供えると、川が鎮（しず）まって渡河することができた。

この逸話をもとに、円形の肉まんを「蛮頭」と呼びはじめ、やがて「饅」の字に変化したとされる。

胡椒(こしょう)――「胡」は海外由来の製品である証し

スパイスのコショウを漢字で記したのが「胡椒」。椒は和食でもおなじみの山椒(さんしょう)のように、食用や薬用となる植物由来の香辛料を指す。つまり、胡椒とは「胡の植物性香辛料」を意味するのだが、「胡」とは原産地や渡来先を示す言葉である。

古代の中国では、北方や西方に住む異民族、もしくは地域を「胡(こ)」と呼んだ。ちなみに「胡」は、あごひげの長い人を表す文字だとされている。

紀元前2世紀頃、シルクロードを通じて中央アジアやペルシャ、ヨーロッパの文化が伝わると、伝来の品々に胡の字が付けられるようになり、胡椒もそのひとつであった。他にも、ヒマラヤ原産のキュウリ(胡瓜)、イランの北方から伝わったゴマ(胡麻)、座り方のあぐら(胡坐)もアラビア方面から伝わったとされている。

百合(ゆり)――なぜ、百を合わせると書く?

美しい女性を「立てばシャクヤク、座ればボタン、歩く姿はユリの花」と形容するように、気品ある姿の代名詞とされるのが「ユリの花」。夏に開く花弁の清楚な趣（おもむき）のみならず、甘い香りでも人を魅了する。

漢字では「百合」と書くが、その名の由来は日本と中国では異なる。日本における由来は「風に揺れる姿」で、風に「揺り動く」姿が愛らしいために付けられた「ユリ」からだとされる。

一方、中国における語源は「香り」で、「百種もの香りを合わせたようだ」と感動したことから「百合（パイフウ）」と名付けたという。また、葉や球根が重なり合うことから、「寄り」が訛って「百合」になったともいわれている。この字が伝来し、日本の「ユリ」に当てられたのである。

紫陽花（あじさい）――中国の詩が由来だが、じつは日本固有種

梅雨時に咲く「アジサイ」は、小さいものが集まることを指す「アジ」と、接頭語の「サ」と藍（あい）の合成である「サイ」から「アヂサヰ」と名付けられ、これが変化して「アジサイ」になったとされる。

これを漢字にすると「紫陽花」だ。語源となったのは中国唐朝の詩人・白楽天の

詩集『白氏長慶集』である。この中で「何年植向仙壇上、早晩移栽到梵家、雖在人間人不識、与君名作紫陽花（いつ頃から山上に咲き、いつ寺に移されたのであろう。君のため、誰も知らないこの花に紫陽花と名を付けよう）」という詩を残し、そのタイトルが「紫陽花」だった。

しかし、アジサイは日本でも珍しい固有種なので、詠まれた花はアジサイとは別種といわれている。

日本で「紫陽花」という当て字が定着したのは、白楽天が詠んだ花の姿が「アジサイ」に似ていたからだという。平安時代の歌人・源順が広めたとする説が有力だが、奈良時代末期の『万葉集』にも「紫陽花」の字があり、いつ頃定着したかは不明である。

女郎花――対になる男郎花とどんな関係がある？

黄色く小さい花を咲かせ、秋の七草にも数えられている「女郎花」。「オミナエシ」と読み、同じく白く小さい花を咲かせる男郎花と共に、秋の山野でよく見かける野花である。

女郎花の「オミナ」とは女性のこと。「エシ」は古い言葉で「圧倒」を意味し、細身ながらもきれいな花を咲かせる姿に美女すら圧倒される、という言い伝えからこの名が付けられたとされる。

もしくは、男郎花より細い姿が女性を連想させるので、今の名前になったという説もある。

黄色い小さな花を咲かせる女郎花(左)と
白い小さな花を咲かせる男郎花(右)

ただし、女郎花と男郎花の名は、それぞれに対立する形で付けられたとするものの、どちらが先に名付けられたのかは不明だ。

一方では〝男女格差〟が由来とされる説もある。男尊女卑が激しい時代、男性は白い米を食べていたが女性は黄色いアワが主食だった。黄色い粒々がたくさん入ったアワ飯と似ていたので「女飯」と呼ばれ、それが訛って「オミナエシ」になったという。

ただし、この説には異論も多く、もちろん確定されてはいない。

山茶花（さざんか）――名前の通り、お茶として飲まれていた！

花の少ない真冬でも、可憐（かれん）な姿で目を楽しませてくれる「山茶花」。〝茶の花〟と表記されるのは、中国で本当にお茶として飲まれていたからだ。

山茶花はツバキ科の一種。中国にはツバキ科の葉を使ったお茶があり、その木は「山にある茶の木」として「山茶」と呼ばれた。そして花は「山茶花」と名付けられたのだ。

ただ、最初の読み方は「さんさか」だったという。意味もツバキ科全般を指していたが、日本に入ると山茶花のみを、そう呼ぶようになる。

読み方が変化したのは江戸時代のこと。さんさかの読み方が次第に訛り、「ん」と「さ」が逆転して「さざんか」になる。このように、言葉の中の文字や音が入れ替わることを音位転倒（おんいてんとう）（倒置現象）という。やがて濁音が付き、「さざんか」になったと考えられている。

4章

馴染みはあるけどよく知らない慣用句の語源

◉三者の争いを「三つ巴」と言うわけは？

一巻の終わり

悲劇的な映画のフィルムに由来

物事が手遅れになることや、物語の終わりを意味する一巻の終わり。だが、なぜ「終巻」ではなく「一巻」なのか？　それは映画のフィルムに由来している。

かつての映画は音声のないサイレント映画が主流で、声を当てていたのが活動写真弁士だ。弁士たちは、上映終了を伝えるために「一巻の終わり」という言葉を使った。

デジタル映写機が主流の現代とは違い、昔の映画はオープンリール式のフィルムの映像を流していた。このフィルムは「○巻」と数えられ、物語は一巻の中で完結するのが普通だ。

このことから、「映画の終わり＝一巻の終わり」として弁士が使用したのだという。

このように、当初は物語の結末を意味するだけの言葉だったので、喜劇でも悲劇でも終映は「一巻の終わり」。ただ、ハッピーエンドよりも悲劇のほうが、観客に強い印象を残しやすい。

そうしたイメージと「終わり」という言葉から、「手遅れ」「物事が台無し」というネガティブな意味合いが強くなったとされている。

馬が合う

人同士の気が合うことをウマで表すわけ

馬が合うというと、互いの気持ちや性格がぴったりと合い、相性が抜群なことを指す。そんな言葉の中の「馬」は当然、動物の馬であり、馬と乗り手の関係を由来とする。

馬が日本に伝わったのは弥生時代末期頃で、4世紀末から5世紀には乗馬も行なわれていたとされる。しかし動物であるために、乗り手との相性が悪いということを聞かない。

半面、乗り手との相性が合えば、普段以上の力で走ることもできる。こうした馬と人との相性を示す言葉が、やがて「とても相性がいい」ことを表す慣用句に変化したのだ。

「馬が合う」は「人と人」の関係に使うのが一般的だ。しかし、「楽器と馬が合う」「馬が合う習い事を見つける」など、人と道具や環境に使われることもある。さらに「馬が合わない」と否定形にすると、「付き合いにくい」という意味にもなる。

琴線（きんせん）に触（ふ）れる

琴の弦に触れても感動はしないが…

「琴線に触れる」とは、心の奥深くに共鳴して、心が動かされることを表す言葉だ。「琴線」とは琴（こと）の糸のこと。つまり、琴に張られた「弦」を意味する。

琴の演奏者は、この琴線を弾くことで音を出すが、軽く弾くだけでも素晴らしい音色を奏で、うまく演奏できれば聴衆の感動を生む。このように、人々に深い感動を与えることから、琴線には「感じ入る心情」「心の奥からの感動」、もしくは「共鳴する微妙な心情」といった意味が加わった。

そこに接触を意味する「触れる」がついて、「心の奥深くに共鳴して感動する」となったという。

もちろん音楽だけでなく、絵画や映画、誰かの発言や行動に深く感動したときにも使われる。昨今では「人を激怒させる」という意味でも使われるが、琴線に「怒り」の意味はないので明らかな誤用だ。

逆鱗に触れる

逆さの鱗を触るとなぜ激怒される？

前項で紹介した、感動を意味する「琴線に触れる」に対し、激怒を表すのが「逆鱗に触れる」だ。主に目上の人を怒らせた際に使われる言葉で、同年代や格下の人に使えば誤用となる。

「逆鱗」とは、竜にあるとされる鱗のひとつだ。伝説上の霊獣である竜は、大蛇のような体に無数の鱗が生えているが、あごの下に1枚だけ逆さに生えた鱗があるという。

普段はおとなしい性格をしている竜だが、逆さに生えた鱗（逆鱗）に触れられると猛烈に怒り狂い、触れた者を八つ裂きにしてしまう。

これは、春秋戦国時代の書物『韓非子』に記された伝承で、作者の韓非は、この伝承を「君主からの怒り」に絡めた。竜は皇帝の象徴でもあり、その怒りに触れることを逆鱗に見立てたのだ。

檄を飛ばす
叱咤激励の「激」のことではない

スポーツ新聞などの記事では、「監督が選手にげきを飛ばす」という表現が見られる。このときの「げき」は叱咤激励という意味で使われているが、「げきを飛ばす」は本来、自分の考えを相手に強く伝えること。

文字も激励の「激」ではなく、木へんの「檄」である。

では「檄」とは何かというと、古代中国や日本で使われた木製の文書のこと。まだ紙がなかった時代、文書は木や竹に記されていて、役所が人々に命令を出すときも使用されたのは木札に記した文だった。

檄が木へんなのは、そのためだ。そして命令を周囲に伝えるために、檄を急いで回すことを「飛檄」といった。

これが日本に伝わると「檄を飛ばす」という形になり、自分の主張やアイデアを広く伝えて同意を求める意味に変化。「決起を促す」という使い方もされるなど、強い意味を持つ慣用句となったのだ。

引っ張り蛸
「蛸」のように手足を広げる刑罰から！

人気の度合いを示すのに「引っ張り蛸」

という表現がある。この蛸はそのまま、軟体動物のタコを指すのだが、なぜ蛸の字を使うのか？

蛸の干物をつくる際、8本の足を大きく広げて干す。ここから、数少ないものを八方から争うように求められるという意味になったという。

ただ、現在のように「人気者」の意味で使われるようになる前には、別の意味があった。手足を広げて干される蛸の形から、磔（はりつけ）の刑に処された罪人を表していたという。そこから「引っ張り蛸」は、手足を広げて縛られることという意味も持っていた。

この意味を知ってしまうと、「最近引っ張り蛸だね！」とほめられても、素直に喜べなくなりそうだ。

座右（ざゆう）の銘（めい）
「座左の銘」でもよさそうだが…

格言を自分自身の心にとどめて、人生の参考にすること。それが「座右の銘」である。この言葉の由来は、後漢の文化人・崔瑗（さいえん）の銘文にある。

崔瑗は「無道人之短、無説己之長（他人の短所を指摘せず、自分の長所も自慢せず）」という一文からはじまる文章を、自らの戒めとしていたという。

その文章のタイトルが「座右銘」。そこから、生き方の指針としている言葉を「座右の銘」と呼ぶようになった。

座右の銘の「銘」は「銘文」や「刻み込む」を指す。では「座右」は何かというと「座席の右側」である。

崔瑗は戒めの文章を心に秘めるだけでなく、常に座席の右側に刻んでいたという。こうした姿を崔瑗は銘文のタイトルにも採用。

やがて彼の死後に「座右」は「身近」の意に変化し、「銘」と合わせて格言を心にとどめる意味になったのである。

油を売る
売っているのにどうしてサボりなのか？

部下がお使いに出たまま、なかなか帰ってこない。こんなとき、「全く、どこで油を売っているんだか」と上司は思うものだ。この油を売るとは、江戸時代の「油売り」に由来するといわれている。

当時の油は照明器具の行灯を灯すだけでなく、女性の整髪油としても使われていた。油売りは、そんな油を桶に担いで行商していたが、当時の油は、現在のように精製されたサラサラなものではない。ドロッとして粘着性があり、桶から柄杓ですくって入れようとしても、客の器になかなか落ちない。

客が待っている間、行商人は客と雑談をしながら時間をつぶすことになる。その姿が、仕事を怠けているように見えたのだ。

油売りにしたら誤解もいいところだが、お喋り＝サボりというイメージは今も昔も同じのようだ。

赤の他人
数ある色の中で「赤」になったのは？

「赤の他人」とは、全くの他人を指す言

葉。この「赤」が意味するのは赤色ではなく、「名詞の強調」である。

平安時代の頃より、アカは「全くの」「明らかな」という意味で用いられた。当時の漢和辞書『類聚名義抄』にも、全裸を意味する「裸形（アカハダカ）」の字がある。この明らかにするという意味から、アカは強調の意味を持ち、のちに「赤」の字が当てられたという。

本格的に使われたのは江戸時代。酷く恥ずかしいことの「赤っ恥」、真実が一切ない嘘の「真っ赤な嘘」のように強調語としてよく用いられた。

その過程で生まれたのが「赤の他人」。他人に赤を付けて、全く関係がない人だと強調したのだ。

なお、「赤」が強調語となったのは、強さのイメージからという説もある。赤という色は、炎や血などのエネルギッシュなものと関わりが強い。そうした力強いイメージから、物事の強調に使われたともいう。

舌を巻く

驚いても舌を巻くことはないが…

非常に驚き、声も出ない姿を表す慣用句が「舌を巻く」である。単に凄く驚くことだけでなく、感動しすぎて声を失うときにも用いられる。

舌には「言語」の意味があり、話に関する言葉によく使われる。一方の「巻く」は「包む」という意味なので、言葉のままに表すと「言葉を包む」となる。

言葉の由来は中国の歴史書『漢書』に

あり、この中で「舌巻」という表現が登場する。その意味は「舌を内側に曲げること」で、舌を曲げると話すことができないことから「声が出ない」という比喩になる。さらに「驚きや感動で声も出ない」の意味に変化し、「舌巻」という漢語表現も「舌を巻く」となったのだ。

この表現の変化は日本で起きたという。舌巻を訓読みにすると「したまき」になることから、「舌巻」が「舌を巻く」に変化したとされている。

途轍(とてつ)もない

途と轍で「道筋」。これがないということは…

並外れた結果や度を越した様子を表す「途轍もない」。途轍の「途」は「伸びる」を意味する「余」と、行くことを指す「辶」を合わせて、「道」を表した形声(けいせい)文字である。

もう一方の「轍」が意味するのは車輪跡で、訓読みでは「わだち」。こちらも「車」と読み方の「徹」を合わせた形声文字の一種である。これらの漢字を合わせて「道の車輪跡」となり、やがて「道筋」の意に変化したという。

「途轍もない」とは、この途轍が存在しないことを指す。つまりは道理が存在しない行動や人物のことだ。そこから、常識では考えられないことや途方もない様子を「途轍もない」と言うようになったという。

この言葉は、江戸後期の人情本に登場するので、江戸時代までにつくられたのは確かなようだ。

辻褄が合わない 着物が由来の言葉だった！

納得できないことを辻褄が合わない、物事に筋が通っていることを辻褄が合うというように、話の道理や一貫した筋道を指すのが「辻褄」だ。

「辻」は「足」と「十」の象形を組み合わせた会意文字。そこから「道の十字路」を意味するが、「辻褄」の場合は違う。この言葉を構成する「辻」と「褄」は、もともと着物の用語だった。

和服の「辻」は着物の縫い目が重なる部分を指している。一方の「褄」は着物の裾の両端を意味し、いずれも綺麗に合うべき部分である。

着物の仕上がりを良くするには、ぴったりと合うようにつくらなければ不格好になるため、縫い目にも気を使う。また着付けでも、裾の線と縫い線が合うように着ないと見た目が悪い。

こうした様子を道理や道筋に例えたのが「辻褄」だ。つまり、着物を綺麗に着るための縫い目や裾を、物事に筋を通す様に例えているのである。

反りが合わない 何の「反り」が合っていないのか？

自分との価値基準が違う、もしくは性格が合わずにうまくやっていけない。そんな状況を表す慣用句が「反りが合わない」だ。逆に気の合う関係に対しては「反りが合う」という。

「合う」「合わない」は相性を指す。そ

して、「反り」が表すのは「刀」だ。日本刀の多くは刀身が反っているが、それを納める鞘（さや）も当然曲がっている。だが、その曲がり具合に刀の反りがマッチしていないと、うまく納めることはできない。

　こうした刀と鞘が合わない様子が、人同士の気が合わない姿を連想させた。

　そこから「気心が合わない」という意味で生まれたのが、「反りが合わない」である。

　いつ頃生まれた用語なのかはわかっていないが、18世紀の俳句を集めた『芭蕉翁俳諧集（ばしょうおうはいかいしゅう）』にも、「そりのあはざる」という記述があるため、少なくとも江戸時代までにできた用語である可能性は高いようだ。

眉唾（まゆつば）
眉に唾を塗る〝化かされ〟防止法から

不審な物や話を「眉唾物」と呼ぶように、「眉唾」は「騙されないように警戒すること」を意味する。だが、そんな用心深さを、なぜ「眉唾」と書くのか。その由来は、「化かされ対策」にあったという。

古くから日本では、キツネやタヌキは

妖術で人を化かすと信じられていた。そして、キツネが人を化かすときは、人の眉毛の本数を数えるとされた。

つまり、眉に唾を塗るのは、毛を固めて数えにくくするためだ。こうした伝承から、江戸時代では用心することを「眉に唾を付ける」といった。

これを由来にして、うさんくさいものを「眉唾物」と呼びはじめるようになる。明治時代に小説家などが広めたようで、この言い方が、やがて「眉唾」になったという。

鯖を読む　傷みやすいサバの数をごまかしていたことから

自分の都合で年齢や数量をごまかすのが「鯖を読む」。この場合の「読む」は数えるという意味で、江戸時代から使われている言葉とされる。その語源には諸説あるが、文字通り魚のサバの数え方からという説が有力だ。

サバは他の魚と比べて傷みやすく、冷蔵技術のない時代には保存が難しかった。そこで少しでも早く処分するため、魚屋がわざと数え間違って注文より多く売りさばいたことを由来とする。

他には、魚のサバと関係がなく、魚市場を意味する「いさば」で小魚を早口で数えることを「いさば読み」と言っていたという説もある。

現在では、年齢を低くごまかすために使われることが多く、実年齢より高く言うことは「逆サバ」といって区別されている。

糟糠の妻

古女房と酒かす・米ぬかとの関係は

「糟糠の妻」とは、貧乏な頃から一緒に苦労を重ねてきた妻という意味だ。糟糠の「糟」は酒かす、「糠」は米ぬかを表している。どちらも主食とするには貧相すぎるが、それしか食べる物がないほどに、貧しいときから苦労を共有してきた。それが糟糠の妻の語源である。

言葉の由来は中国『後漢書』の「宋弘伝」にある。有力な政治家であった宋弘は、あるとき皇帝から「高い地位の人間は、妻も立場にふさわしい女性に変えるべきだというが、どう思う?」と尋ねられた。「はい」と答えれば、皇帝は宋弘を離婚させ、夫に先立たれた自分の姉を後妻として与えるつもりだったのだ。

だが、宋弘の答えは「糟糠の妻は堂より下さず」、つまり「貧乏を共に苦労した妻を粗末に扱うなどできません」だった。このことから、共に貧乏を乗り越えた妻を「糟糠の妻」と呼ぶようになったという。

他山の石

よその山の石はなぜ悪いのだろう?

「他山の石」の他山は「他人」を意味し、石が指すのは「つまらない行ない」。現在のような意味となったのは、中国の詩集『詩経』を由来とする。

『詩経』の中には、「他山の石以て玉を攻むべし」という詩が載っている。意味は「よその山から出た粗悪な石でも、宝石磨きの砥石には使えよう」というもので、ここから、他人の失敗を教訓にして自分の成長に役立てるという意味になった。ただ、近年は「他人の良い言動を手本にする」という誤用が見られる。そうなった理由は、石＝功績を意味する宝石と誤認されたためらしい。

「部長の功績を他山の石として精進します」とでも言おうものなら、とても失礼になるので要注意だ。

奈落の底
地獄を意味する仏教用語「奈落」

一度落ちたら、なかなか抜け出せないどん底の場所。それが「奈落の底」で、最悪の状況に陥ったことを「奈落の底に落ちる」という。

奈落の語源は、サンスクリット（梵）語のnaraka（ナラカ）だ。ナラカは「地獄（に落ちる）」を意味し、当てられた漢字が「奈落迦」。さらにその読み方が訛って「ナラク」となる。

これが日本に伝わると、意味が「どん底」や「物事の最後」に変化。漢字も「奈落」が当てられたのである。なお物事の極限を意味する「金輪奈落」も、もとは地獄の下層という意味だった。

劇場における舞台の下や歌舞伎の花道の床下の空間も「奈落」といい、回り舞台や迫り出しの装置の他、通路にもなっている。

電灯設備がなかった時代、回り舞台や迫り出し装置のある床下は暗い。この明かりひとつない光景が地獄を思わせ、そこから舞台の床下空間を「奈落」と呼びはじめたといわれている。

脱兎のごとく

ウサギは追い詰められると凶暴になる！

とても速いことや俊敏を意味する「脱兎のごとく」だが、「脱兎」の兎は字の通り動物のウサギを指す。

言葉の由来は、孫子の『兵法』に出てくる「是故始如処女、敵人開戸、後如脱兎、敵不及拒（始めは処女の如くにして、敵人戸を開き、後は脱兎の如くにして、敵拒ぐに及ばず）」から。

つまり、正しくは「始めは処女の如く、後は脱兎の如し」であり、四字熟語では「処女脱兎」という。

ウサギは命の危険を感じると普段の可愛らしさが一変し、すごい速さで逃げたり、鋭く攻撃をしたりする。孫子の兵法では、このウサギの特性と「物静かな処女」を対比したとされている。

下馬評

意外や、競馬とは何の関係もない！

部外者からの評判や噂を表すのが「下

馬評」だ。一般的な噂話はもちろん、スポーツやギャンブルにおける解説者やファンの予想、という意味でも使われる。

「下馬」は馬から下りること、もしくは能力が劣った馬をいう。しかし「下馬評」は馬術や競馬の用語だったわけではない。

下馬には、馬から下りる場所という意味もある。そして江戸時代の城や神社仏閣には、それより先への乗馬を禁ずる下馬札が立ててある「下馬先」という場所があった。

武家や貴族はそこで馬を下りるのだが、家来は中に入れないので下馬先で待つ。そして主人が戻るまで、彼らは話をしながら暇をつぶした。そこから、下馬先で交わす噂話や主人の評判を「下馬評」といった。

やがて、近代以降に意味が変化していき、第三者が流す評判や噂のことを指すようになったのだ。

奥の手（おくのて）

手に手前も奥もなさそうだが…

最後の場面で使う切り札が「奥の手」だ。手は「手段」の意味だが、かつてはリアルな〝人間の手〟を表していた。そして、それはどちらの手かといえば左手だった。

かつての日本では、左側が神聖な方向とされた。高貴な人は下位の者と会うときに南面するので左側は東。つまりは太陽が昇る方角なので、天皇・貴族からは尊ばれたのだ。

そのため、左は「奥」とも呼ばれ、普

段は右手を使っているが、最終手段として使うのは左手、つまり「奥の手」というわけだ。

別の説では、奥義を意味する「奥」に手段を意味する「手」を合わせたというものもある。

ちなみに、本の最終ページに記される「奥付」「奥書」は、巻物や文書の最後の左端を「奥」と呼んだことに由来し、これは左上位の思想に基づく。

お釈迦になる

失敗＝お釈迦様とは失礼では？

物が使い物にならなくなることや、不良品をつくることを「お釈迦になる」という。これは、ずばり仏教の開祖である「釈迦」を意味するが、その由来には諸説ある。

ひとつは鋳物師の間で使われた隠語という説だ。

鋳物づくりで溶けた金属を金型に流し込むとき、火の温度が高すぎると不良品ができてしまう。この、失敗の原因である「火が強かった」を、「ひ」を「し」と発音する江戸っ子が「シが強かった」と訛ってしまう。

そして「シガツヨカッタ」をお釈迦様の誕生日とされる4月8日にかけ、「失敗＝お釈迦」になったとする。

また、ある鋳物師が仏像をつくったところ、依頼されたものとは別の釈迦の像をつくってしまった、もしくは、最悪の結果になる「お陀仏」が変化したなどの説もある。

沽券に関わる

沽券は江戸時代の証文のこと

プライドや評判を害する事態を指す慣用句が「沽券に関わる」だ。「男の沽券に関わる」「このままではわが社の沽券に関わる」などと使われる。

この「沽券」とは、江戸時代における証文を指す。「沽」には売買という意味があり、証明手形を意味するのが「券」。現在でいう権利書や契約書だ。土地や家屋の財産を売買する際に、売り主と買い主で交わされる売り渡し証文が、沽券だったのである。

土地の売買情報が書かれた沽券は、それ自体に大変な価値があった。なにしろ長屋住まいが基本の江戸では、土地や家屋は富裕層しか買えない。つまり土地契約書そのものが、身分を示す証明書代わりだったのだ。

その高い身分を表す証文が「高いプライド」という意味を持ち、プライドが傷つけられる事態を「沽券に関わる」というようになったのである。

二の句が継げない

雅楽の二の句は高難度だった！

「二の句が継げない」は、「驚き呆れて次の言葉が出ない」もしくは「論破されて言い返せない」状況を意味する。「継ぐ」は「続けて行なう」という意味なので、それの否定は「続かない」となる。

言葉の由来は雅楽の朗詠にある、3つの「句」のひとつである。

声楽曲である朗詠の第二句は、独唱かつ高音でうたい続ける箇所なので、難易度が高く息切れもしやすい。そのような息が切れて第二句が「継げない」様子から、言葉が途切れるという意味になったという。

なお、雅楽は5世紀前後に伝わったとされる日本でも最古級の伝統芸能だが、「二の句が継げない」が用いられだしたのは比較的新しく、近代以降という。一説には、有島武郎の小説『或る女』の「取りつく島を見失って二の句をつげないでゐた」という一文から広まったともいわれている。

また「句」を「文句」と勘違いし、「二の句が告げない」という表記も見られるが、もちろん誤りである。

青天の霹靂

本当に快晴の日に雷が落ちたわけではない

予想外の事態が起こることを表すことわざが「青天の霹靂」だ。その由来は南宋の詩人・陸游にある。

陸游は名のある詩人だったが、ある日病に倒れてしまう。だが秋を過ぎた頃、急に詩のアイデアが湧き、凄まじい勢いで作品を書きはじめた。自分自身も驚くほどの筆の速さを、陸游は『九月四日鶏未鳴起作』という詩の中で「青天飛霹靂」（青天に霹靂を飛ばす）と表した。この逸話から、急に起こる変動・大事件を「青天の霹靂」と呼ぶようになったのだ。

この「霹靂」の「霹」は雷を指し、「靂」は雷の音を意味する。それらの漢字を合わせることで、激しい雷や雷鳴を表現した。青天は「雲ひとつない快晴」だから、これらを繋げることで「晴れ空に雷鳴が響くような予想外のこと」としたのだ。

阿漕な人

「阿漕ヶ浦」で禁を犯した、母思いの男にちなむ

ずうずうしく金品をむさぼる、義理人情に欠けるという意味で使われる「阿漕」。その言葉の由来は「阿漕平治」という物語からとされている。

現在の三重県津市にある阿漕ヶ浦は、その昔、伊勢神宮への供え物をとるため禁漁域とされていた。しかし密漁をする者が後を絶たない。

平治という貧しい漁師も密漁を繰り返した。平治の密漁は、母の病気に効くとされるヤガラという魚を捕るためだったのだが、ついに捕らえられ、海に沈められてしまう。この伝説から、室町時代には「あこぎ」は度重なることの比喩として用いられるようになった。

ところが、江戸初期頃から「しつこいさま」「強引」と、マイナスの意味で使われるようになる。これは謡曲『阿漕』や『御伽草子』の中の「阿漕の草子」などによって、神宮御領地を犯すことを悪行として描いた作品によって定着していったためだとされる。

三つ巴

三者の争いを「巴」で表現するわけとは

「三つ巴」とは、実力の拮抗する3つの勢力が争うこと。三者の戦いに使われることもあり、大相撲の優勝決定戦の巴戦(ともえせん)も、この三つ巴が語源だ。

巴には渦巻きの意味があり、渦巻きのように入り乱れて戦うので三つ巴と呼ぶようになったとする。この巴という漢字は、弓用の防具からつくられた。

矢を放つとき、射手(いて)は弦(つる)が当たるのを防ぐために鞆(とも)という防具を手首に付ける。

三つ巴紋

勾玉のような形を巴といい、3つの巴を渦巻きのように並べたものを三つ巴紋という

これを側面から見ると、円の一部が伸びた勾玉(まがたま)のような形になっている。そうした鞆の側面図を象形化したのが漢字の由来だという。

巴の図案は古くから人気があり、神社の神紋や名家の家紋、太鼓の模様などに使われていた。こうした巴の紋章を巴紋と呼び、それこそ渦巻きのように複数を重ねて描かれることもあった。

そのうち、奇数の3は縁起がいいとされる陽数(ようすう)であり、デザイン的にも見栄えがいいことなどから、「三つ巴」に落ち着いたようだ。

元(もと)の木阿弥(もくあみ)

実在した木阿弥という人にちなんで生まれた語

物事が元の状態に戻る「元の木阿弥」。

この「木阿弥」とは、戦国時代に実在したとされる影武者の名前である。

大和国（現奈良県）の大名、筒井順昭は若くして重病にかかったが、跡継ぎの藤勝（のちの順慶）はまだ3歳。幼児に大名の仕事ができるわけもなく、家臣団が新体制をつくるにも時間がかかる。そこで順昭は、藤勝が成長するまで影武者を立てることにした。

そこで選ばれたのが、順昭と似た僧侶の木阿弥だった。順昭が病死すると、木阿弥は要請を受け入れて影武者となる。

そして、大名の代行人として働いたというが、藤勝が成人すると木阿弥もお役御免となり、元の僧侶に戻された。

こうした経緯から、あることが元の状態に戻ることに「木阿弥」の字が使われるようになったという。

他にも、「木阿弥が離縁してまで僧になったのに、途中で修行をやめて妻と復縁した」ことが由来だとする説もある。

鳩首協議 「人首」ではなく「鳩首」と書くわけ

人が顔を合わせ、真剣に話し合うことを鳩首協議という。「政府高官により鳩首協議が行なわれた」や「鳩首協議の結果、制裁が解除された」などと使われる。

当然ながら鳩が会議をするわけではない。ではなぜ、鳩の字が使われるのか?

「鳩」には鳥のハト以外にも「（一か所に）集める」という意味があり、「鳩める」と書いて「あつめる」と読まれることもある。これは、ハトの群れる習性からきているともいわれ、「首を鳩める」で、「鳩首」は顔を合わせるという意味になったのだ。

ちなみに、鳩という漢字の「九」は鳩の鳴き声に由来し、鴉の「牙」も「ガーガー」という鳴き声に由来するという説もある。

責任転嫁

責任を押し付けることと「嫁」との関係は?

自分が負うべき責任なのに、他人のせいにしたがる。そんな様子を表す四字熟語が「責任転嫁」。責任の意味はわかるが、なぜ嫁の文字があるのかというと、かつての婚姻事情にあるようだ。

昔、婚姻した女性は夫側の家に移るのが普通だった。離婚しても、再婚したらまた別の家に移ることになる。その様子を「転居」と「嫁」を合わせて「転嫁」とした。

つまり、責任転嫁における嫁の字は、「再婚女性」を意味したのである。

嫁ぐことを「婚嫁」というように、嫁は「か」とも読む。そこに責任を合わせて、「再婚して別の家に行くように、責任をよそに移す」としてつくられた言葉が「責任転嫁」であるという。

心機一転

なぜ「心気」ではなく「心機」なのか?

「転職して心機一転がんばります!」というように、気持ちを入れ替えて挑むことを意味する心機一転だが、「心気一転」と書くのは誤り。「心気」は気持ちや心の持ちようのことで、「心機」は心の動きを意味する。

「機」は、人力で動かす細かい構造の道具を指し、そこから機械、からくり、仕掛けなどの意味を持つようになる。

機械やからくりの様子から、作用や動き、働きといった動詞的な意味も生まれたのだ。

この「心機」に、一回転、変わるという意味を持つ「一転」を付け、気持ちの切り替えを表現したのが「心機一転」なのだが、その語源についてはよくわかっていない。

一説によると、人々の迷いを断ち切り悟りを開かせるための釈迦（しゃか）の言葉「一転話」に由来するともいわれているが、あくまでも仮説でしかない。

疾風怒濤（しっぷうどとう） じつはドイツ由来の言葉だった！

凄まじい勢いや時代の大きな変革を表す四字熟語が「疾風怒濤」だ。

このうち「疾風」は暴風を意味し、「怒濤」は激しい大波を指す。これを合わせて、荒海のように物事が移り変わる様を表現したのだ。

さて、疾風怒濤という熟語が生まれたのは、日本や中国ではなくドイツである。18世紀後半のドイツで盛んだった、革新的文化人による文学運動が「Sturm und Drang」で、「嵐と衝動」を意味するドイツ語が、日本では荒波と訳され「疾風怒濤」となった。

そして荒波と革新のイメージから、「時

代の激しいうねり」という意味が連想されたのだ。

毀誉褒貶（きよほうへん）
〝ほめる〟と〝けなす〟が合わさってできた言葉

ほめたり、けなしたりすることを意味するのが「毀誉褒貶」だ。毀誉褒貶の多い人といえば「ほめられると同時にけなされることも多い人」となる。

毀と貶は「けなすこと」を、誉と褒は「ほめること」を意味する。ただし、毀と誉は「名誉」、貶と褒は「評価」に対する言葉であり、「毀誉」は「名誉をけなしたりほめたり」、「褒貶」は「いい評価を与えたり悪い評価を与えたり」ということだ。

「毀誉褒貶が多い本」や「毀誉褒貶が激しい作品」などのように、書評や映画の評論などで目にすることがあるが、本来の意味は、世の中にはさまざまな評価が存在するということを指す。

「毀誉褒貶があるので、SNSでのコメントなど気にしてはいけない」というのが、現在的な使い方かもしれない。

紆余曲折（うよきょくせつ）
漢字4つは全て「曲がる」という意味

「紆余曲折」とは、複雑に込み入った事情を表す。「曲折」が示すのは「折れ曲がる」こと。「曲がる」と「折れる」で曲がりくねる様子を表し、その意味が「物事の変化」になっていった。

「紆余」も「屈曲した河川や道」を意味している。「紆」は「糸」と「于」を合わせた形声文字で、「于」は漢字の音を表すと同時に「弓なりに曲がる」という意味も持つ。

一方の「糸」には「物事の結びつき」という意味もあり、これを「于」に付して「強固に曲がる」と強調している。

そこに、やはり「曲がりくねった河の様子」を示す「余」を合わせ、大きく屈曲した様子を示したのだ。

「紆余」の語源からわかるように、当初の意味は「河などが曲がりくねった光景」だった。やがて、道や河だけでなく「状況がさまざまに変化すること」に転じ、現在の形に。

しかし、現在進行の事象には使われず、「紆余曲折を経て」のように、過去形で用いるのが一般的である。

意気投合（いきとうごう）

強い意志をぶつけ合ったら喧嘩になりそうだが…

気持ちがぴたりと合うことを表すのが「意気投合」。「意気」は、積極的な気持ちや強い意志のことで、投合の「合」も、気が合うという意味で使われる。

では、「投」は？　というと、「投げる」の他に「与える」「渡す」という意味もある。すなわち、自分の手元から相手のところへ放す＝与えるわけで、投薬や投与、投票も同じイメージから生まれた言葉だ。

「意気投合」の「投合」も「意気を投げ（与え）合う」ということになり、いわば気持ちのキャッチボールを示しているのだ。

一蓮托生

「一連托生」ではなく ハスであるわけ

結果の良し悪しに関係なく、最後まで共にするという意味の「一蓮托生」。共にするという意味なので〝一連托生〟と間違えがちだが、正解はハス（蓮）の花だ。

この語は仏教用語が由来で、「蓮」は、極楽浄土にはハスの花が咲き乱れているとする仏典の教えから極楽浄土のこと。「托生」は、仏教用語で他のものにたよって生きるという意味だ。

ここから派生し、日本の浄土信仰では「よい行ないをした者は極楽浄土に往生し、同じ蓮の花の上に身を託して生まれ変わる」という考えが生まれたのである。

現代では、運命や行動を共にするというおおまかな意味で伝わったが、本来は「死後までも変わらぬ関係を契る」という意味なのである。

臥薪嘗胆

薪に臥した人と 肝を嘗めた人がいた！

復讐のために耐え忍ぶことを意味する四文字熟語が「臥薪嘗胆」。最近では復讐の意味が消え、「成功を目指して苦労を耐え忍ぶ」という意味でも使われている。

ここで書かれる「薪」と「胆」は、それぞれ木の薪と苦い胆。つまりは「硬い薪の上に寝て苦い胆を嘗めてでも、屈辱を忘れず耐え忍ぶ」姿を表していた。

語源となったのは古代中国の故事だ。春秋戦国時代の呉王・夫差は、父を討った越王・勾践に復讐の念をたぎらせていた。夫差は、毎夜薪の上に寝る痛みで復讐心を高め、ついには会稽山(ホイチーシャン)の戦いで勾践に勝利する。

　しかし勾践はからくも生き延び、この恥を忘れるまいと寝起きのたびに苦い胆を嘗めては、敗北の怒りを沸き上がらせた。そしてついに、勾践は夫差への逆襲を果たしたばかりか、呉国を滅亡させたのである。

　この「薪に臥せた夫差」と「胆を嘗めた勾践」のエピソードが合体して、目的達成のための忍耐を表す言葉となる。日本でも日清戦争の勝利で得た遼東(リヤオトン)半島を露・独・仏の「三国干渉」で返還を強い(し)られた際、この言葉がスローガンとなり、やがて日露戦争へと発展していったという歴史がある。

単刀直入(たんとうちょくにゅう)

「短刀」ではなく「単刀」とする意味とは

思い切ってストレートに言い放つことを「単刀直入」というが、短刀ではなく「単刀」なのはなぜだろう？　短刀のほうが刺すように言い切る姿を想像しやすいが、「単刀」となったのは、単独の刀を意味するからだ。

　中国の南北朝時代、大陸南方の宋(そう)国では皇帝が乱暴狼藉(ろうぜき)を繰り返していた。中でも第5代皇帝劉子業(りゅうしぎょう)は残忍で、逆(さか)らう重臣を次々に処刑。恐れおののいた側近たちは暗殺を決断し、ついには隠し持った刃物で皇帝を討った。

　この、隠し持った一本の刃物を思い切って振るった姿から、「単刀直入」という熟語ができたという。

もしくは、宋代の仏書『景徳伝灯録』の「単刀直入すれば、則ち凡聖ことごとく真を表す（一本の刀で刺すように要点を突けば、聖人も凡人も本性を表す）」という文が語源とする説もある。

また、敵陣に切り込み、突撃を仕掛ける姿が由来とする説もある。いずれせよ「短い刀」が無関係であることだけは確かなようだ。

合点承知 「承知」はわかるが「合点」とは何か？

時代劇では、頼まれ事をした江戸っ子が、よく「合点承知！」と答えることがある。このうち、「承知」は了解、「合点」も意見への同意を表す。それらを合わせることで、威勢よく納得する姿を表現したのが「合点承知」である。

そもそも「合点」とは和歌の用語だった。かつて和歌の世界では、優れた作品に「・」を付ける風習があった。このとき付ける点を「合点」と呼んだのだ。

これが次第に一般書類の用語に変化したのは、回覧の書類を読んで同意を示すとき、名前欄に印を付ける習慣があったからだとされる。その印も「合点」と呼ばれるようになり、ここから承諾や納得の意味になった。

現在では「っ」を省略して「がてん」と読まれることもあり、納得がいくことを「合点がいく」ということもある。

余裕綽綽(よゆうしゃくしゃく)
「余裕」だけで伝わるのに「綽綽」まで付くわけ

どんな状況でも落ち着きを崩さず、悠然とする。そんな姿勢を表す熟語が「余裕綽綽」だ。「余裕」が指すのはゆったりとした姿や様子。これだけでも意味は通じるのだが、これをさらに強調するのが「綽綽」だ。

じつは「綽」も、緩やかさやしなやかさを意味する語。この字を連続させることで、ゆとりある姿を強調したのが「綽綽」だ。「余裕」とほぼ同じ意味だ。

これが「余裕」と組み合わさったのは、古代中国に起因する。

思想家の孟子(もうし)は、斉(せい)の国の役人に「王に意見できる立場なのになぜしないのか」と注意した。これを真に受けた役人が孟子の言う通りにしたところ、なんとクビになってしまった。

周囲が孟子に「お前自身はどうなんだ」と問うと、彼は「吾が進退は豈(あに)綽綽然として余裕有らずや(斉の臣下ではないので私の進退は自由)」と勝手な返答をした。

この「綽綽然として余裕」が「余裕綽綽」の語源だ。そして自由な立場を指すのに用いたことから「余裕たっぷり」の意味になったのだが、孟子にそそのかされて意見し、クビになった役人は哀れとしかいいようがない。

温故知新（おんこちしん）「温ねる」と書いて「たずねる」と読むことから

過去の歴史や思想を学んで新しい理念を生み出すこと。それが「温故知新」である。由来は古代中国の思想書『論語』にある「故きを温ねて新しきを知る」という一文だ。

この文を短くし、古いものから新しいものを生み出すことを、温故知新と呼ぶようになった。

『論語集解』という注釈書でも「温は尋ねる」と書かれている。この解釈と同じく、じつは「温」には温度の他に「おさらい」の意味もある。繰り返して習うことを意味する「温習」という言葉があるように、過去から教訓と知識を学ぶ「温故知新」にも使われたのである。

「温」におさらいの意味が加わった理由は諸説あるが、料理が由来という説を紹介しておこう。

冷めた料理も温めればまた美味しく食べられる。同様に、技術や知識も学びなおせば初心を思い出し、さらなる向上に繋がる。そうした向上心への期待から、おさらいの意味が付加されたという。

三三五五（さんさんごご）三と五が選ばれたのはどうして？

同じ場所に来た人々が散らばっている光景を「三三五五」というが、語源は古代中国の詩にあるという。

唐の時代を代表する詩人・李白（りはく）は『採蓮曲（さいれんきょく）』という詩の中で、花を摘む女性の周りに、男性たちが見え隠れする光景を詠（よ）んだ。その様子を表した一文が「三三五五映垂楊」だ。

そこから、人々があちらに3人、こちらは5人と散らばっている様子を「三三五五」と呼びはじめたとされる。

また、漢語の「三五」が変化した説も有力だ。こちらも、あちこちに散らばるという意味があり、これを「三三五五」と繰り返して意味を強調したとされる。

このように「三」と「五」が用いられたのは「まとまり」という意味があったからだという。三は一でも二でもないので、対立に属さない中立的な意味合いを持つ。

五も「五感」や「五指」など一定の集まりを示す。こうした「一組の概念」の数字を使うことで、人々が少人数のグループを保って散らばる光景を、中立的に表現したとも考えられている。

付和雷同（ふわらいどう）

簡単に同調することと雷との関係は？

軽々しく人の意見に同調して、自分の意見を簡単に変えるという意味の四字熟語が「付和雷同」だ。「付和」は他人の意見に同調することで、「雷同」も同じ意味を持つ言葉だ。

この場合の「雷」は、稲光ではなく雷鳴のこと。巨大な雷鳴が轟（とどろ）くと、空気を揺るがして周囲の物もその響きに共振する。こうした雷鳴による共振作用を同調になぞらえたのが「雷同」だ。

この語が初めて使われたのは中国の古典『礼記（らいき）』。「毋勦説（そうせつ）、毋雷同（人の意見を盗むな、簡単に同調するな）」という一節から世に広まり、付和と組み合わされて「付和雷同」となった。

なお、付和雷同の話は日本でつくられたとする説もある。中国由来の付和と雷同が近代の日本で組み合わされて、付和雷同になったともいわれている。

一日千秋（いちじつせんしゅう）　「秋」が「一年」と同等の意味を持つわけ

「1日が千年に感じるほどに待ち遠しい」という気持ちを表すのが「一日千秋」という意味だ。

この場合の「秋」は季節を表しているのではなく、「年」に等しい意味を持つ。古代中国では収穫に忙しい秋を1年の中で最も重視していたため、「年」に相当する言葉になったと考えられる。

中国最古の詩集『詩経』には、遠く離れた恋人を思う「采葛」という詩が載っているが、そこに「一日不見　如三秋兮（1日顔を見ないと3年が過ぎたようだ）」という、待ち焦（こ）がれる切ない気持ちを表現した言葉が記されている。

ただ原文にあるように、当初の表記は「一日三秋」だ。これが「千秋」になったのは、より切なさを強調するためとも、あるいは「せんしゅう」と「さんしゅう」の読み方が似ていたので、日本で誤読されたためともいわれている。

一衣帯水

「1本の帯」のように細く長い川

狭い川や海を隔てたごく近い関係を意味する「一衣帯水」は、「河によって隔てられた土地」という意味もある。言葉を分ければ「一衣・帯水」ではなく「一・衣帯・水」。「一」は1本、「衣帯」は衣服の帯のように細くて長いという意味で、「水」が海や川を表す。

その由来は、中国・南北朝時代の南史の『陳後主紀』の「我為百姓父母、豈可限一衣帯水、不拯之乎」という一文だ。意味は「私は民衆の親の立場にある。細い川で隔てられているからといって、その民を救わずにいられようか」となり、北朝・隋の皇帝文帝の言葉である。

当時の南朝の陳は君主の圧政により、民は苦しんでいた。文帝は陳に攻め入る決意をしたが、それは南朝の民を救うためだけではなく、南朝の困窮民が細い河川を越えてきて、自国に影響する危険もあったからだ。

結果、両国は戦争になり、「一衣帯水」は近隣関係の複雑さを伝える言葉となったのだ。

乾坤一擲

天下を分けたサイコロの一振りのこと！

一か八かの大勝負を表す四字熟語が「乾坤一擲」。「乾」は天を、「坤」は地を表すので、両方を合わせて「天下」を意味し、「一擲」はサイコロを投げる博打のことなので、全てを合わせると「天下

（人生）を賭けた大博打」。言葉の由来は古代中国での戦いだ。

初めて中国を統一した秦王朝だったが、紀元前209年の陳勝・呉広の乱で国内が混乱すると、天下を巡って漢の劉邦と楚の項羽が対立する。なかなか決着がつかないため、ふたりは休戦し撤退することを約束した。だが、項羽軍が背を向けた瞬間に劉邦の軍が突如、攻撃を再開。項羽軍は総崩れになったという。

唐代の詩人韓愈は、この戦いを題材とした「鴻溝を過ぐ」という詩をつくる。その中にある「真に一擲乾坤を賭す（まことに一擲乾坤の大勝負に出る）」という一文から、大勝負を意味する熟語として広まったとされている。

尊皇攘夷

元は「尊王攘夷」と書いたって？

「尊皇攘夷」は「天皇を敬い外敵を打ち払う」というのが主な意味で、幕末時代に勤王の志士がスローガンとした。

このことから、日本で誕生した言葉だと思われがちだが、じつはその由来は中国にある。

尊皇攘夷の「夷」は古代中国で異民族を表す「夷狄」を意味する。歴代の中国王朝では異民族の侵攻にたびたび悩まされ、時には地方の諸将が同盟して戦うこともあった。

この際に使われたスローガンが「尊王攘夷」。「王のもとに団結して夷狄を撃退しよう」というのが、本来の意味だったのである。

この思想は朱子学を通じて江戸日本にも伝わり、水戸藩の勤皇論者に注目された。そして幕末に欧米列強の脅威が高まると、外国を夷狄に見立てて、このスローガンが叫ばれるようになったのだ。ただ日本に王はいないので、「尊王」は天皇を敬うという意味の「尊皇」に変えられた。

つまり尊皇攘夷は、中国由来のスローガンを参考に、日本の事情に合うようにアレンジされた言葉だったのだ。

5章

漢字と意味が、なぜかアンバランスな語の謎

◉「劇薬」はなぜ〝激薬〟と書かないのか?

印税（いんぜい）——国に支払うわけじゃないのに、なぜ「税」？

本が刊行されたとき、版元から著作者に支払われるのが「印税」だ。印税は「著作権使用料」を意味し、書籍だけでなく音楽や映像関連の作品にも発生する。ただ、国や自治体に金銭を納めるわけでもないのに、なぜ「税」の字が付くのか？

明治時代から昭和の中頃まで、書籍には1冊ごとに押し印と紙片が付けられていた。この紙片は「検印紙」と呼ばれ、発行部数を確認するために貼られていた。そして、印と検印紙の数に応じて、著作権の使用料を支払うのが、かつてのシステムだったのだ。

この検印紙と捺印（なついん）が、金銭のやり取りが発生する契約書や領収書などに貼られた「収入印紙」に似ていたことから、「印紙税」という通称が定着。のちに「印税」に略されたという。

この印税システム自体は1970年代に廃止されるが、印税はロイヤリティを指す言葉として書籍以外にも残された。収入印紙で支払われる本来の「印紙税」も現存しているが、デジタル化に伴う印鑑の捺印と共に廃止の議論も高まりつつある。

外遊（がいゆう）——もしかして総理は海外訪問で遊んでいる？

「今朝、総理大臣が○○国への外遊に出発しました」と報じられるように、総理や閣僚などが海外訪問することを外遊と呼ぶ。もちろん遊びではなく、政治活動上の海外出張なのに、なぜ「遊」の字を使うのか？

じつは「外遊」の「遊」は「あそぶ」という意味ではなく、「さまざまな場所を巡る」「見物する」意味があるのだ。さまざまな国を気の向くまま旅することを諸国漫遊（しょこくまんゆう）、僧侶の修行目的の旅を遊行（ゆぎょう）、気晴らしに見物や遊びにいくことを物見遊山（ものみゆさん）と呼ぶのもそのためである。

さらに「自由に動く」ことも、遊の字の意味のひとつ。そこから能動的な活動を

指すときにも使われる。

外遊も、外国を意味する「外」と、能動的な視察を表す「遊」を組み合わせて、外交訪問を表す言葉となったのだ。

陛下（へいか）――限りなく〝上の人〟なのに、なぜ「下」の字が付く？

現在の日本で「陛下」と呼ばれるのは、天皇と皇后、上皇と上皇后だけだ。最上位の敬称であり、皇室関係について定められた法律「皇室典範（てんぱん）」も「天皇、皇后、太皇太后及び皇太后の敬称は、陛下とする」としている。

「陛下」という言葉は、古代中国の漢の時代にはじまったという。なぜそう言うのかというと、「陛」は階段を表し、「陛下」とは「階段の下」という意味だった。

臣下（家来）は天子（皇帝）に直接言葉を述べることはなく、階段の下にいる役人や側近を通して奏上（そうじょう）したことから。

つまり、陛下とは「階段の下から申し上げるべき人」だった。

日本で用いられだしたのは757年から。この年に成立した「養老律令（ようろうりつりょう）」で、天皇の敬称として定められている。

なお、皇太子他の皇族は「殿下」で、これは屋敷や邸宅の下を意味する。皇族以外でも用いられるのが「閣下」で「閣」は2階建て以上の建物のこと。すなわち、「殿下」は床の下で仰ぎ、「閣下」は1階部分での拝謁が可能という意味もあるのだ。

逸話——本来は有名な話には使えなかったって?!

言葉や熟語の多くは逸話を由来としている。逸話の意味は「正規の記録から外れた話」。信憑性のない話も多いが、つくられた背景の考察などで新たな言葉が生まれることもある。

そんな逸話の「逸」は、本筋からそれるという意味だ。「逸」は行くことを表す「辶」とウサギの象形である「免」を合わせてつくった会意文字。これらでウサギが逃げる姿を表し、逃げる↓走る↓それるという形で意味が変化していった。そこに「話」の字が付き、本筋から離れたエピソードとなったのである。

ただ、当初の「逸話」はマイナーな話が大半だったという。いわば多くの人が知らない話を指していたが、現在は有名エピソードも「逸話」と呼ばれている。

また「逸」には逸品のように「優れたもの」の意味もある。そこから解釈を広げて、有名話にも当てはめられたようだ。

「有名な逸話」も誤った用法とされていたが、現在は間違いではなくなっている。

陣痛(じんつう)――戦場ではないのに、どうして「陣」なのか?

出産を前に襲ってくる強烈な「陣痛」。胎児を外に出そうとして、子宮の筋肉の収縮が起こるのが、その痛みの原因とされる。

陣には「ひとしきり」「にわかに」「繰り返し」の意味があり、出産前に突然訪れ、何度も痛みが襲ってくることから「陣痛」と呼ばれるようになったといわれる。

また、別の説によると、陣痛の表記はかつて「神通」だったという。古代の日本で、出産は神秘的なものと考えられていた。「産道」は「参道」であり、神の通り道とされていたという考え方だ。

所変わってアメリカでは、陣痛はlabor(労働)である。アメリカは聖書の影響が強く、エデンの園で禁断の果実を食べてしまったアダムへの罰が労働、イブへの罰が陣痛だったとし、これが語源となっているのだ。

日本もアメリカも「神」が関わっているのは同じだが、考え方の差は大きい。

親切（しんせつ）——思いやりがあるという意味なのに、なぜ「親を切る」？

「親切にする」とは、思いやりがあって人のために尽くすという意味。だが、文字通りに解釈すれば「親を切る」。かなり物騒な言葉ではある。

この場合の「親」は、両親や親戚といった血縁を示すのではなく、「親しい」「身近に接する」という意味。「切」には刃物による切断の様子から、「ひたすら強く」「非常に～である」という意味を持つ。これを合わせると、非常に親しい、寄り添って行き届くようにするという意味になるのだ。

このような「切」の使い方は、痛切、哀切（あいせつ）、適切、懇切、切に願うなどがある。また「思い入れが深く切実」という意味で、古くは「深切」という単語も使われていた。

酸素（さんそ）——味がないのに、なぜ「酸っぱい元素」と書く？

「酸素」は無味無臭で、酸（す）っぱくもなければ酸性でもないのに、なぜ酸の字が使われるのか？　それは発見者の勘違いのせいだという。

酸素の命名者は18世紀のフランス人科学者アントワーヌ・ラヴォアジエだ。彼は燃焼が元素同士の結合現象であることを解明し、それを引き起こす元素にoxygèneと名付けた。ギリシャ語でoxys（酸）とgenen（生む）を合わせた造語で、元素記号が「O」なのも、そのためだ。

「酸」が名前に付いたのは、ラヴォアジエが酸素を、酸を生む物質と勘違いしたからだ。食物が酸化すると酸味を帯(お)びることがあるため、それが勘違いの原因だとも考えられる。この呼び名が一般化し、日本でもoxygèneを幕末の蘭学者・宇田川榕菴(うだがわようあん)が直訳し「酸素」と名付けられたのである。

自負(じふ)——自分が負けたら自信がなくなるのでは？

「自負」とは、自分の才能や経歴を誇りに思うこと。いわば自信をより強めた言葉である。

「負」＝負けるというイメージが強いのだが、本来は「背に持つ」という意味だった。負は「人」と「貝」を組み合わせた会意文字。「貝」は財産を指し、そこに「人」

を付けることで、財を人が運ぶ姿を表現したのだ。

そこから負には「背負う」という意味が生まれ、そして財産を持つ人間は頼りになるので、「あてにする」の意に変化した。自負の「負」も「頼り」という意味で、「自分が頼りにする才」を表したのである。

なお、負になぜ「負け」の意味が加わったかには諸説ある。「背負う姿が背中を見せて逃げる姿を連想したから」とも「漢語の敗と音が似ているから」ともいわれている。

失神（しっしん）――「失心（しっしん）」ではなく「失神」と書くわけ

「失神」とは、いわゆる気絶のこと。言葉をそのまま訳せば「神を失う」となるが、この場合の「神」は神様のことではない。

「神」の字義には「たましい」があり、そこから「心や魂」という意味が加わった。失神の「神」も、神様ではなく「心」を指す。

古代中国において、失神は仏教における「神気の喪失」を指していた。それが唐朝の時代に「心を失う」の意味に変化し、注意散漫や意気消沈を指すようになる。

当初は「失心」と書かれていたようだ。日本でも中国と同じ形で使われていたというが、現在と同じ意味になったのは明治時代とされる。

意識がなくなることを、英語ではsyncopeと表すが、これに該当する日本語はない。そこで、訳語として採用されたのが「失神」だった。

そこから文学などを通じて世間に広まり、意識を失うという意味で定着したとされている。

虹(にじ)——生き物と関係ないのに、なぜ「虫」が付く?

雨上がりの空にかかる「虹」には、蝶や蠅(はえ)、蟬(せみ)のように「虫へん」が付く。もちろん虹は、大気中の水滴に太陽光が反射して起こる自然現象なので、昆虫とは関係がない。では虹に、自然現象と無関係な「虫」が付くのはなぜか?

そもそも、虹の虫へんは昆虫の意味ではない。虫は「ヘビ」の象形文字であり、「工」は「貫く」という意味を持つ。文字通りに読むと「ヘビが貫く」となるが、これは古代の人々が、虹をヘビのような伝説の生き物に例えたからだという。

古代中国で虹は、竜の化身だと信じられていた。その天空を「貫く」ような姿か

が付いた。「劇しい」と読むこともあり、そこから、効果の劇しい薬を略して「劇薬」となったのだ。

ちなみに、「激」の字が採用されなかったのは、使う場面が違うからだといわれている。激は、勢いが激しいときに使われやすい。対して劇は、効果や能力が強いときに使われるので、効き目が強すぎる薬に「劇」の文字が使われたのだ。

牧師(ぼくし)——聖職者の呼び名に「牧場」の牧の字が付くのは?

キリスト教の聖職者は牧師、もしくは神父と呼ばれるが、牧師はプロテスタント、神父はカトリックという違いがある。どちらも教会で儀式や説法を行なうのだが、牧師という言葉にはなぜ、「動物を放し飼いにする」という意味を持つ「牧」が付くのか?

じつは「牧」は、新約聖書でイエス・キリストが、自らを羊を飼う牧者に例えたことが由来である。そこから人々を「過ちを犯してしまいやすい羊」とし、それを先導する役割を持った聖職者を「牧師」と呼ぶようになった。

またプロテスタントは、牧師も一般の信者も立場的にあまり変わらないという「万人祭司」の考え方が強い。そのため神父よりも聖職者という認識は薄く、「教職者」「教役者」と呼ぶのが一般的である。英語でも、牧師は羊飼いを意味するpastorと呼ばれ、神父はfatherである。

帝王切開（ていおうせっかい）――「帝王」は「分離する」の誤訳だった！

おなかと子宮を切開して胎児を取り出す手術を「帝王切開」というが、この「帝王」は誤訳によって付けられた。

妊婦のおなかを切って胎児を取り出す手術が成立したのは16世紀。当時はラテン語でsectio caesareaと呼ばれ、これがドイツ語でKaiser schnittとなる。

Kaiser schnittはKaiser（分離する）とschnitt（切開する）の合成語だが、Kaiserには「皇帝」という意味もあった。そこで、19世紀になって日本に伝わってきたとき、医師たちは「皇帝の切開」と訳してしまったのだ。

ちなみに、Kaiserは古代ローマ皇帝のユリウス・カエサルが語源だが、そもそもの意味は「ユリウス家の分家」。つまり、皇帝よりも「分離」の意味のほうが強い。また、カエサルが帝王切開で生まれたからという説もあるが、古代ローマの帝王切開は、技術が未発達のため妊婦が死亡したときに行なわれていた。カエサルの母親は40歳まで存命しているため正しくない。

温床（おんしょう）――温かい床が、なぜ〝悪の育つ場〟となった？

「犯罪の温床となる」など、「温床」はあまり良い意味では使われず、悪事や悪い現象を生み出す場として用いられる。しかし〝温かい床〟とはどこを指すのか？

じつは農業が由来の言葉で、温床の温は文字通り「温かい」を意味するが、「床」が指すのは家屋の床ではなく「苗床（なえどこ）」。植物の苗を育成する場所のことで、稲の場合は苗代（なわしろ）という。

その呼び名は温度で変わり、野ざらしで冷たい苗床は「冷床」、堆肥（たいひ）の発酵熱などで温められた苗床が「温床」だった。当初は、温暖な苗の育成所という意味だったのである。これが今の意味になった理由は、言葉の拡大解釈にあるという。

植物の種類にもよるが、基本的に苗床は温かいほど苗は育ちやすい。つまりは育成に都合がいい環境ということだ。ここから「都合がいい」という意味も付き、そこから「良くないこと」が連想された。やがて両方の意味が合わさり、現在の意味になったとされている。

散歩(さんぽ)――散って歩くこともないわけではないが…

現在、暇つぶしや健康促進のために行なわれる「散歩」は、かつて命がけで行なうものだった、と聞けば驚く人も多いだろう。

三国志の時代、中国で流通した「五石散(ごせきさん)」という薬には滋養強壮の効果があり、飲むと体が非常に温まったという。この温かくなる状態を「散発」と呼んだが、五石散は劇薬なので、散発が起こらないと体内に熱がこもって死に至る危険性もあった。そのため服用者は、散発を起こすために歩き回ることも多かったという。この、散発を起こす歩きを「散歩」と呼んだのが言葉のはじまりだ。

これが現在の意味になったのは幕末以降のこと。開国で日本に来航した西洋人は、時折、町中を当てもなく歩き回っていた。西洋人たちはその行為を「プロムナード」と言ったが、当時それに該当する日本語はない。

そこで勝海舟が中国語の「散歩」を当てはめ、散歩は気晴らしに歩くことを意味する言葉になったとされる。

絶叫(ぜっきょう)——「叫びが絶える」のに絶叫とは、これいかに?

絶叫とは声の限りに叫ぶこと。ジェットコースターなどを「絶叫マシン」と呼ぶのも、叫びだすほどに怖いからだ。ただ、「叫」は文字どおり「叫ぶ」を指すのだが、「絶」をそのまま訳すると「絶える」になる。つまり、漢字だけだと、「叫びが止まる」という逆の意味になってしまう。

「絶」は「糸」「刃物」「座る人」の象形を合わせた会意文字で、糸を切る姿から「絶つ」意味が生まれた。絶たれることから、それ以上は存在しないことが連想され、「極めて優れた」「かけ離れた」の意味に派生。「これ以上ないほど素晴らしい」を意味する言葉に絶品や絶景があるのもそのためだ。

ただ、絶叫に「素晴らしい」という意味はない。「叫」と「絶」を合わせて、「これ以上ないほどの叫び」を表現したのが「絶叫」で、言葉を出せない姿を表すときは「絶句」となる。

もちろん、絶句の「絶」は「絶える」の意味である。

相棒（あいぼう）――人なのに、どうして棒に例えるのか？

「相棒」と「相方」は混同されがちだが、じつは意味が違う。相方はいつも一緒にいる人。対する相棒は、協力して仕事をこなすパートナーのことだ。

語源は江戸時代の「駕籠（かご）かき」と「モッコ」にある。車のない時代、陸上の乗り物といえば馬か駕籠だった。駕籠は客用の座席がぶら下がった棒を男たちが担（かつ）いで走る乗り物で、モッコは棒に網籠を吊るした運搬具。

これを担ぐ駕籠かきが、互いを呼ぶときの呼称が「相棒」だ。相には「同じ」という意味もある。そこから同じ棒を担ぐ仲間として、相棒と呼びはじめたという。

駕籠かきの職業は明治時代に消滅したが、相棒だけは「仕事の協力者」の意で広まった。なお、「片棒をかつぐ」の「片棒」も駕籠かきが由来。もとは両者のうち片方だけを呼ぶための呼称だったようだ。

即座(そくざ)――「即、座る」と書いて、なぜ「即、動く」の意味になる？

すぐさま行なうという意味の「即座」という言葉。「即座に」と副詞の形で使うことが多いが、言葉を構成する漢字は「即」と「座」。つまり、漢字だけなら、「即座る」という形になっていて、「すぐ動く」とは逆の意味となる。

この場合の即は「すぐに」を意味しているが、座は「座る」姿ではなく「集まる場所」という意味だ。

この集合場所、もしくは集合を表す「座」と、今すぐの意である「即」を合わせて、「人の集まりの中ですぐ行動する」姿を表したのである。

成敗(せいばい)――「負ける」ではなく「負かす」の「敗」

「成敗」とは、処罰や処刑を意味する名詞で、中世日本では「政務」の意味でも使われた。しかし本来は、「善を成して悪を敗(やぶ)る」ことを意味していた。

由来は古代中国の『史記』で、当初の読みは「せいはい」。意味も「成功と失敗」だったが、時代を経て先述の読みと意味に変化する。つまり、「敗る」は「負ける」ではなく「打ち負かす」である。時代劇で悪人に「成敗いたす！」と言い放つように、悪人を倒すというのが本来の意味だった。

罰や刑の意味が生じたのは、悪人を懲らしめる姿からの連想だ。主に罪人の打ち首に対して使用したという。

さらに、罪を裁く様子から「裁きと政務」の意も加わり、現在の形に落ち着いた。鎌倉幕府の法令「御成敗式目」の成敗も政治という意味があり、日本における意味と読みの由来とする説もある。

踏襲——踏んで襲うと書いて、なぜ「受け継ぐ」意味になる？

以前からの方法を、そのまま受け継ぐことを意味するのが「踏襲」だ。先人の教えやしきたりを変えずに残す状況のことを指すが、そのまま読むと「踏んで襲う」となってしまう。

踏襲はもともと「蹈襲」と書かれていた。「蹈」の意味は「踏む」「踏みつける」「踏み行なう」。似た漢字の「踏」にもやはり「踏む」という意味があり、「蹈」の字が一般的でないため「踏」が代用されたとされる。

この場合の「踏」は「踏み行なう」で、つまりは「前例や先人の教えに従い、行なうこと」。「襲」も「襲撃」ではなく「継承」を意味する。

「襲」は衣服を重ね着する姿から生まれ、重ね合わせる姿から「受け継ぐ」という意味も付いた。世襲や襲名という形で使われるのも、こうした由来があるからだ。

この「襲」に、従う意味の「踏」を合わせると「(教えを)受け継ぎ従う」となるのである。

太古(たいこ)――なぜ、「とても昔のこと」が「太い古」と表される？

「太古の昔」といえば、現在からかけ離れた遠い過去を指し、一般的には人類誕生の前などの有史以前に使われる。

太古の「古」はそのまま「古い」という意味で、祖先を祀(まつ)る祭器の象形が由来といわれる。この祭器は長く使われることから「古いもの」の意が定着したとされるが、なぜ「大古」ではなく「太古」なのだろうか？

「太」と書かれる理由は、この字に「おおもと」や「非常に」という意味があるからだ。「太」には、ゆったりと大きいという意味があり、そこから「ふとい」に変化し、やがて「おおもと」や「非常に」の意味が派生した。

ちなみに、太平洋が「太」で大西洋が「大」なのは、太平洋が「ゆったりと大きな海」で、大西洋は「西にある大きな海」だからだそうだ。

妙齢（みょうれい）——「妙」自体に若いという意味があった

近年、「妙齢の女性」というと、ある程度の年齢を重ねた女性と受け取られて誤用されているようだ。しかし妙齢は、本来は「女性の若い年頃」を意味する。

妙は「女」と「少」を合わせた形声（けいせい）文字なので「若い」を意味する。そこから「奥ゆかしい姿」を表し、やがて「美しい」という意味にも変化した。さらに、古来美女はミステリアスな存在でもあったので、「不思議」「変わった」という意味も持つ。「奇妙」などはここからきている。

この「妙」に年齢の「齢」を付け、「結婚適齢期の若い女性」を表したのが、本来の「妙齢」なのである。そんな妙齢の意味が誤解された理由は諸説あるが、有力なのは「妙の意味が誤解された」というものだ。
妙には、妙手、妙案のような「優れて巧み」という意味や妙なる調べのような「奥深い」という意味もある。そこから、年齢を重ねてしたたかになった女性が連想され、「年配」を指す言葉としての誤用が進んだとされている。

与党――「国民に与える党」というわけではない

「与党」は政権運営を担う政党で、「野党」は政権の座についていない政党をいう。野党は、権力から外れた「在野の党」を由来とする。一方の与党は「国民に与える」党というわけではなく、「味方になる」「支持する」という意味の「与する」からきている。

「与」は旧字で「與」と書き、音を示す「牙」と「2人の両手」の象形を合わせた形声文字。そこから「互いに協力し合う姿」を表現し「仲間」という意味も持つ。それを略したのが現在の「与」だ。

一方の「党」は旧字で「黨」。「尚」の字に「結びつき」を意味する「黒」の旧字体を掛け合わせ、形を省略したのが「党」である。こうした「党」に「与」を付けて、「仲間内」を意味したのが当初の「与党」だったのだ。

「与党」は江戸時代までは「同じ目的を持つ仲間」として用いられた。だが、明治時代初期に国会が開かれると、同じ政治方針を持つ集団を「政党」と呼んだ。その政党の中で「政権を与する＝内閣を支持し味方になる政党」が「与党」と呼ばれるようになったのだ。

零細(れいさい)——「零」では小規模ではなく、ゼロになるのでは？

零の字を見て、まず思いつくのは数字の「0（ゼロ）」だろう。旧海軍戦闘機の零式艦上戦闘機（ゼロ戦）も、採用された1940年が皇紀2600年に当たるので下2桁の「00」から名付けられたという。

零の「令」の部分は「神への祈り」を表し、雨かんむりは「雨降り」を指す。これらから、「神による降雨」を表現したのが当初の「零」だ。雨粒は肉眼では見えにくいほど小さいことから、細かい、わずかという意味が付き、雨が落ちる光景から「落ちる」「こぼれる」の意味も生まれる。

なお、江戸時代頃までの日本に「ゼロ」の概念はなく、年齢や年の数え方も1からはじまる数え年だった。したがって、零に現在のような「ゼロ」の意味はない。

つまり、規模の小さな会社を「零細企業」と呼ぶのも、決して規模が「ゼロ」なわけではない。零細の「零」は「とてもわずか」という意味からで、「細」を付けることで、規模が小さいことをさらに強調しているのだ。

下戸（げこ）——お酒が飲めない人なのに、なぜ「戸」と書く？

お酒の飲めない人を、なぜ「下の戸」と書くのか？　これには古代日本の身分制度が関係している。

約1300年前の日本では、租税の徴収対象となっている民衆を4つのランクに分けていた。最も高いランクが「大戸（たいこ）」。そして最低ランクが「下戸（げこ）」である。この下戸は貧しすぎてお酒も飲めないために、「お酒の飲めない人」という意味で使われはじめた。逆に上から2番目のランクである「上戸（じょうこ）」は、お酒を蓄えるほどの金持ちだったので、「お酒をたくさん飲める人」となったという。

それ以外にも、中国の万里の長城が由来だとする説もある。

長城の警備兵は、長城の上を警備する「上戸」と地上を担当する「下戸」に分か

れていた。このうち上戸は体が冷えやすいので、特別にお酒が支給された。しかし下戸は体が冷えにくいのでお酒はもらえない。そうした対応の違いによって、下戸は「お酒を与えられない＝お酒が飲めない」となったともいわれている。

南蛮（なんばん）——南の人だけが野蛮なわけではないが…

戦国時代の日本人はヨーロッパを南蛮、西洋の人々を南蛮人、西洋由来の品々や文化を南蛮渡来と呼んだ。南蛮漬けや南蛮菓子も、西洋由来という意味だ。

そんな「南蛮」はもともと古代中国の言葉で、国土周辺の異民族を見下し、大きく、東夷（とうい）・西戎（せいじゅう）・北狄（ほくてき）、そして南蛮の4つに分けていた。つまり南蛮は、南方の異民族という意味だったのだ。

日本では、さほど蔑(さげす)んだ意味合いでは用いられず、単なる外国や船舶の名称として定着する。「南蛮」は当初、東南アジアのことを意味していたのだが、戦国時代に入ると西洋に変化する。その理由は、西洋諸国の船が太平洋の東南から来航したからだ。

そのため、同方面から来るオランダ、スペイン、ポルトガルの船と国々を「南蛮」と呼称。人や文化にも南蛮の字が付けられていった。南蛮渡来も「東南方向から来た品や風習」という意味で使われたのだ。

領袖(りょうしゅう)——服のえり(領)と袖は一番目立つことから!

「派閥の領袖」のように、首領、親分、リーダーを指す「領袖」は、衣服のえりを表す「領」と、「袖」が合わさった言葉だ。どちらも服で最も人目に付きやすいパーツであることから、全体を率いる立場にある人を指すようになった。

由来は、古代中国の歴史書『晋書(しんじょ)』から。その中にある「魏舒伝(ぎじょでん)」の「魏舒は堂堂として人の領袖なり(魏舒は風格が堂々としており、人の上に立つ人物である)」という一文である。

これは晋の文帝が、当時政治家として辣腕を振るった魏舒の才能を評価した記述だ。ここからカリスマ性を持つトップを「領袖」と呼び、日本にも伝わって、集団のリーダーを指す言葉として使われるようになった。

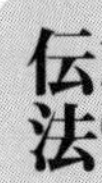

伝法——「法を伝える」と書くのに、なぜ乱暴する意味に？

粗暴で無法な振る舞いをすることを意味する「伝法」は、もとは仏教の用語だった。「法」とは、仏が衆生を導くための仏法だ。これに「伝」を合わせ、師僧が弟子に仏法を伝える姿を表したのが、当初の「伝法」だった。

では、なぜ現在では全く逆の意味になったのかというと、それは寺男が乱暴を働いていたからだ。

東京浅草にある伝法院は、浅草寺の本坊として有名だ。江戸時代にも多くの参拝者が訪れていたが、問題となったのが雑用係の寺男たち。寺の威光を笠に着て、飲食店で無銭飲食、芝居小屋ではタダ見をし、通行人にもちょっかいをかけたという。

そうした悪事に江戸の庶民は嫌気がさし、やがてできた用語が「伝法」だ。つまり「伝法院の乱暴者」を表すため、寺の名前を使ったのである。

藪医者（やぶいしゃ）――唐突に「藪」の字が使われているわけ

腕の悪い医者は時折、藪医者と呼ばれる。だが、なぜ「藪」なのだろうか？医療が未発達な時代、病気を治すのは呪術師（巫師（ふし））の役目だった。しかしお祈りで病気が治るはずもなく、死亡するケースも後を絶たない。患者を死なせた呪術師は、民衆に「野巫（やぶ）」と蔑まれていたのだ。

かつての「野」には「田舎者」の意味があり、野巫とは「駄目な呪術師」という罵り（ののしり）言葉であった。そこから腕の悪い医者を「野巫医者」と呼ぶように。やがて、野巫→藪に変化し、「藪医者」となった。広く使われだしたのは、江戸時代からだ。

この他にも、「藪のように見通しがきかない医者」が語源だという説もあり、特に腕が悪い医者は、藪以下の「筍（たけのこ）医者」と呼ばれることもあったという。

出歯亀（でばかめ）――のぞきが趣味だった「出っ歯の亀太郎」が由来！

出歯亀とは女性の着替えや入浴などを覗き（のぞき）見する輩（やから）のこと。「出歯」は出っ歯のことだが、「亀」は爬虫類のカメではなく人名だ。

1908年、植木職人の池田亀太郎が浴場帰りの女性を殺害する事件が起きた。亀太郎は妻子持ちだが酒癖が悪く、女湯の覗き常習犯でもあった。そんな亀太郎のあだ名が出歯亀だ。出っ歯だったことが由来ともいわれる。

亀太郎が事件を起こすと、新聞各社は「出歯亀事件」として面白おかしく報道。裁判所では弁護士が亀太郎を「出歯亀」と幾度も呼んだせいで、裁判官が冷笑したともいわれる。殺人は冤罪だという説もあるが、覗き常習犯だったのは本当らしい。

この事件は新聞を通じて広まり、人々はやがて覗き魔を出歯亀と呼ぶようになった。昭和になると単なる好色家や変態行為も意味に加わり、定着したという。

6章

意外なエピソードが秘められた言葉の由来

◉「観光」の観はともかく、なぜ〃光〃？

台頭（たいとう）

台は「持ち上げる」ことを意味していた

「平安時代に平家が台頭した」「中国の台頭が著しい」など、新興勢力や団体が力を増したときに使われる言葉が台頭だ。

台頭の「台」は旧字で「擡」と書き、持ち上げるという意味を持つ。動詞では「擡げる」で、「持ち上げる」の他に「考えが浮かぶ」「（ヘビなどが）カマ首をもたげる」などの意味がある。ちなみに、台の旧字には手へんのない「臺」もあり、こちらは「踏み台」「台車」などの台と同じだ。

つまり、台頭は「頭を持ち上げる」ことを意味し、その姿から、新たな勢力の立ち上げが連想された。そこから勢力の躍進に意味が変化したとされている。さらには「押さえつけられていた勢力が躍進する」の意味もある。

観光（かんこう）

「光」の字が意味するものとは？

旅行を意味する「観光」という言葉。名所を訪ねたりすることから「観る」は理解できるが、なぜ「光」の字が当てられるのか？

この言葉の語源は古代中国の書物で、儒教の経典『易経』に由来する。『易経』には「観卦」という項目があり、そこには「観国之光　利用賓于王（国々の威光を学んでくれれば、王に重んじられる立場となる）」という一文がある。

この「光」とは「国の良き部分」、つ

まりは「威光」だ。

この「観国之光」が「観光」という言葉で日本に伝わる。1855年にオランダより寄贈された木造蒸気船を、幕府は軍艦として「観光丸」と名付けたが、これは国の威光を示すという意味で付けられたものだ。

それが明治時代には旅行運営を意味する「ツーリズム」の訳語となり、大正時代には旅行用語として定着する。ただし、娯楽目的の旅行は「漫遊」とされていた。

旅行が全国的なブームになった昭和初期には日常的な用語となり、次第に漫遊と観光の区別が曖昧になる。その後、国の国際観光局設置と各種観光企業の設立に伴い、観光＝旅行というふうに定着したのだ。

滑稽（こっけい）
もとは優秀な人を評するほめ言葉だった！

おかしくおどけた姿やバカバカしいありさまを表す言葉が「滑稽」だ。しかし使用される漢字は、滑（なめ）らかの「滑」と、考えることを指す「稽」。両方を合わせると、「滑らかな考え」という意味になってしまう。これは、かつて「滑稽」が、頭の回転が速いことを意味していたときの名残なのだ。

滑稽の由来は狼藉の項でも紹介した『史記』の「滑稽列伝」(61頁参照)。その中で、中国の戦国時代に活躍した淳于髡を「滑稽で多弁」と評したことがはじまりだといわれている。つまり、「頭の回転が速くて多弁である」ということだ。

それが面白おかしいという意味になったのは、俳優のユーモアが由来とする説がある。「滑稽列伝」の注釈には「滑稽は俳諧のごとき」とあり、日本で俳諧は俳句の源流を意味するが、古代中国では俳優によるユーモアやギャグのことだった。

古代の俳優は歌舞伎や戯言を生業としたので口先も達者。そこから多弁とギャグが結びついて、現在の意味になったとされている。

稽古
「古い」という字が入っているのはなぜ?

練習の古風な言い回しである「稽古」。主に伝統芸能や武術の修練を表すときに使われるが、もちろん古いものを修めるときだけに使うわけではない。

稽古という字を初めて使ったのは古代中国の『書経』である。その書に記された「帝堯を稽古す」の一文が由来だ。堯は伝説上の君主のことで、その功績を想起するというのが文の意味だ。

「稽」は考えることを意味し、「古」はそのまま古いものを指す。つまり当初の

「稽古」とは、過去の記録を調べて今に活かすことを指したのである。

やがて意味が変化し、「学習すること」だけを指す言葉になる。芸能・武術の鍛錬の意味は日本で加えられたようだが、当初は中国と同じ意味で用いられた。

しかし平安時代から「学問」の意味合いが強まっていき、鎌倉時代に「武術修行」の意味で武士らが使いはじめ、室町時代になって現在の形で定着したといわれている。

指南(しなん) 教えることと「南」との関係とは

技術や知識を教え導くことを表す「指南」。分解すると「南を指す」となるが、これは古代中国の車両が由来だ。

古代中国には「指南車」という車があり、車の上には常に南を指さす人形が取り付けられていた。そのおかげで遠出中も道に迷わずに済んだのだ。ただ、方位磁石を用いた羅針盤(らしんばん)ではなく、左右の車輪の回転の差から方位を特定する仕組みだったと考えられている。

この指南車を略した言葉が「指南」だ。南を常に指すので、当初は方向や進路を教えるという意味だった。そこから人を導く姿が連想されて、他人に何かを教えたり、正解に導いたりすることを指すようになった。

武術・芸能で使われだしたのは江戸時代のこと。当時は武士が学問など学ぶことをいい、大名への教授役も「指南番」と呼ばれた。そうした流れから、現在でも芸能、武術、ビジネスなどで教わることと、あるいは教授する者を指すわけだ。

春画(しゅんが)　性的な単語に「春」がよく使われるわけ

性風俗の浮世絵を「春画」、性行為をして対価を得る行為を「売春」というように、「春」は性的な単語によく使われる。その理由は、春が四季で最も生命力に満ちあふれた季節だからといわれている。

春になると、草が生え、芽が膨らみ、花が咲き、冬眠から目覚めた昆虫も活動しはじめる。その他の生き物も活発になり、生命の力が最も強くなる。そんな精力的なイメージや、動物の繁殖期が春に多いことから根付いたという。

この説を後押ししたのが中国の陰陽五行(いんようごぎょう)説だ。これによると、春は冬の陰気が陽気へと変わっていく過程の季節で、この春を経て、気は陽気の夏へと入っていくとされる。

また、五行説での「陰」は女性を表し「陽」は男性を表す。そのため世界の気が「陽」に近づくと、「陰」の女性は男性に惹(ひ)かれやすくなるとする。

以上の理由から、「春」は性的な単語に使われやすくなったと考えられている。

親戚(しんせき)　「親」はわかるが「戚」とはいったい何？

血縁や婚姻で繋(つな)がった一族を「親戚」というが、明確な範囲は決まっていない。有名になると、顔も知らない親戚から連絡がくるというのは、そのせいでもあるだろう。

親戚の「親」は親の血筋の意味で、「戚」は身内を表す。「戚」は形声文字の一種であり、小さな斧を表現している。もともと「戚」とは、古代中国で王が持った権力を象徴する儀礼具だったという。

王の象徴でもある「戚」は、身近に置いておくべき大切なもの。それが身近な人間を指すようになり、やがて身内という意味に変化した。訓読みで、親戚は「みうち」と読むこともあり、血筋と身内を合わせて表現したのだ。

張本人

じつは「張・本人」ではなく「張本・人」！

事件の首謀者を指す言葉である「張本人」。なぜ「本人」の前に「張」が付くのかと首を傾げる人も多いかもしれないが、張本人の区切り方は「張・本人」ではない。正しくは「張本・人」だ。

「張本」とは、一説によると、弓を放つ姿が由来だという。矢を放つとき、射手は弓の弦をギリギリまで引っ張る。この引っ張った状態を「張」と呼び、「本」は根本を指す。これらを合わせたのが、中心を意味する「張本」だ。

そこに「人」を付けて、物事の中心人物を表したのが「張本人」だという。

他にも語源の説はあるが、弓を由来とするのは確かなようだ。

退屈

僧侶の挫折を指す言葉が暇という意味に！

やることがなく、暇で仕方がない。そ

んな状況が「退屈」だ。

「退」は「食」の象形と「辶」を合わせた会意文字。食事を下げるという意味を持ち、そこから「退く」ことを指すようになる。

退く姿は消極的に見えるので、やがて「気おくれ」や「気分が落ち込む」という意味が加わる。「屈」も気分が晴れない様子を指すので、これらを合わせて気持ちが衰える姿や気が滅入る姿を表現したのである。

こうした言葉がつくられたのは仏教の世界。つまり、もともと「退屈」は仏教用語だったのだ。僧侶は悟りを目指して修行に励むが、中にはその厳しさに耐え切れず、脱落する者も少なくない。

そのように、修行の厳しさに心が折れて、努力する気概が衰えることを指したのが、当初の「退屈」だったのだ。

やがて、仏教的な要素が薄まって「やる気がなくなる」「物事に飽きる」という意味に変化。さらに、飽きてやることがないと逆に苦痛となることから、現代の形になったという。

道具

「道」は、もとは仏道を表していた

作業や生活の場で使う大小さまざまな器具や用具。それらを指す言葉が「道具」である。「具」は容器を表す目と、下に添える両手の象形を合わせた会意文字。その意味は「器物」である。

つまり、具の一文字で道具を表せるということだ。では、なぜ上に「道」が付

くのかというと、道具がもともと仏教用語だった名残である。

仏教では道具の「道」は仏道のこと。ここに器物を指す「具」を付けて、僧侶の修行具を指した。より詳しくいえば、僧侶が常に持つべきとされる、大衣、上衣、内衣の「三衣」に、鉢、漉水嚢(ろくすいのう)、坐(ざ)具(ぐ)などを合わせた「六物」をいう。

その意味が変化したのは鎌倉時代以降。武士の台頭によって、「道具」は刀剣や鎧(よろい)といった武具を指す言葉となる。それが、大工の仕事具や芝居の使用品の意味に派生していったのである。今でも芝居のセットを「大道具・小道具」と呼ぶのも、そのためだ。

やがて、近世以降に一般の用品も指すようになったということだ。

匹敵(ひってき)

なぜ、獣を表す「匹」の字が使われる？

「匹敵」の意味は「互角」とほぼ同じだ。「甲乙つけがたい価値」「同程度の実力」などの拮抗(きっこう)を表した言葉である。

この場合の「敵」が意味するのは競争相手で、「外敵」といった物騒(ぶっそう)な意味合いはない。そしてもう一方の「匹」の由来が、「匹敵」の誕生にも繋(つな)がっている。「匹」の語源は動物のウマの尾の象形で、牛馬を数える際の単位としても用いられていた。

やがて「比」と意味が通じたこともあり「たぐい」「対」の意味も持つようになる。ただ、そのきっかけもウマで、しかもウマの尻にある。

ウマは尻の肉が左右均等に引き締まっているので、「比べる」意味を持つ「比」と繋がったとされる。ここから派生した言葉が「匹敵」なのだ。

左右でペアとなっているウマの尻のように、実力が「対」となる相手を表すために、「相手」を意味する「敵」と「匹」を合わせた。

その後「肩を並べる」「つり合い」の意にも派生したのである。

万引き（まんびき）　お金や量のことと思いきやただの当て字！

「万引き」は窃盗（せっとう）行為の一種で、比較的少額な陳列商品を盗むことをいう。したがって、「万」は、お金のことでもたくさん盗むことでもない。

「万引き」の由来は江戸時代の「間引き」にあるという。増えすぎた作物の中から育ちの悪いものを除外することだ。そうした様から「商品を少しだけ盗む」という意味に繋がった。

店主が「目を離す間（タイミング）」で盗むことが語源とする説もあり、いずれにしても、最初は「間引き」と呼ばれていたようだ。

また、江戸時代は「間」を「まん」と読むことも多かった。今でも地方によっては「間が悪い」を「まんが悪い」というところがある。そこから間引きは「まん引き」になり、明治以降に音の似た「万」に変化したという見方が有力だ。

少し盗むことに「万」という大げさな字が当てられたのは、少額窃盗に対する皮肉で、わざと大きな値(あたい)を付けたという説もある。

敗北(はいぼく)

戦いに敗れても北に逃げるとは限らないが…

敗北は「敗ける」という意味で知られるが、もともとは「敗けて逃亡する」ことを指していた。つまり、戦争などで惨敗し、敵の前から逃げ去ることだった。したがって、北は方向ではなく、「逃げること」を表しているのだ。

北の字は、背中合わせの人間の象形だとされ、当初の意味は「背を向ける」。人が逃げるときは必ず相手に背を向けることから「逃亡」の意味が付き、「にげる」を「北げる」と書くこともあった。

この北に「敗けて逃げる」姿を表すため、「敗」と組み合わされた。やがて、「敗北」から「逃げる」の意味が除かれ「敗ける」ことだけを指す言葉になったのだ。

なお、北が「北方」を指す言葉となったのは、中国の皇帝が常に南向きで座ったからとされる。つまり、皇帝が「背中を向ける方向」という意味から「北」となったのだ。

味方（みかた）

仲間のことをなぜ「味」で表すのか?

自分の仲間、もしくは加勢することが「味方」の意味であり、加勢する意味で「味方する」など動詞活用もされている。味方の「味」は相手への敬意を示し、「方」は方向を意味する。

これらを合わせることで、「自分のほうに付く人」、もしくは「自分たちの仲間になる人」となる。

ただ、じつは「味」の字は単なる当て字で、この漢字自体に相手への敬意という意味はない。その語源は「天皇の軍隊」からだといわれている。

古代から中世まで、天皇・朝廷の軍隊は「御方」と呼ばれていた。『古事記』でも皇太子の軍を「御方」と書いている。やがてこの語は「自分側の軍隊」という意味に変化。そこから仲間や加勢する人を指す言葉となったのだ。

とはいえ「御方」は、あくまでも「高貴な方々の軍」を意味する。一般人が使うのはおこがましい、ということで「味方」もしくは「身方」の字が当てられたと考えられている。

客死（かくし）

旅行者が「お客」だからではない

客死とは旅先で命を落とすこと。故郷から離れた場所、つまりは外国で亡くなったときに使われる言葉だ。そんな異国での死に、なぜ「客」の字が使われるのだろうか?

旅行先から見ると、旅人はお客だから、「お客の死亡」で客死――ではない。

客という漢字は、「招かれてきた人」や「商売の相手」だけではなく、旅そのものを指す。

旅人を「過客（かかく）」といい、たとえば松尾芭蕉（ばしょう）の『奥の細道』の序文、「月日は百代（はくたい）の過客にして」は「月日は終わることのない旅をする旅人のようなもの」と訳される。

この「客＝旅」に「死」を付けることで、旅先での死亡を意味する客死となり、中国語や韓国語でも、旅先や異国での死を客死といった。その呼び名が日本に伝わり、定着したと考えられている。

なお、客死の読み方は「かくし」だが、「きゃくし」でも間違いではない。

空（そら）
なぜ、地面の上の空間をこう言うのか？

大雑把にいえば、地球における地面や海の上が「空」だ。しかし、空という漢字を分解すると「穴」と「工」になる。

「工」が意味するのは工具で、物に穴をあけるノミなどを指す。そして「穴」はそのまま空洞を意味する。つまり、漢字の形をそのまま訳すと「工具によってあけられた穴」という意味になってしまうのだ。

そんな「穴」が天空を意味するようになった理由は、仏教の思想にある。

中国に仏教が伝来すると、サンスクリット（梵）語で穴を意味するsūnya（シューニャ）に「空」の字が当てられた。そして中国や日本では、「空」を使った「色即是空(しきそくぜくう)」という言葉が生み出される。これは、この世の全ての事象は「穴」のようにむなしいものとして、そのむなしさに惑わされないように歩むことが肝心だとする教えである。

ここから「空」には「むなしい(空しい)」という意味が付き、やがてこの世で雲以外存在しない「大空」を指す字になったのである。

采配(さいはい) 命令を「配る」戦国時代の指揮道具

企業やスポーツ、あるいは軍隊で指揮を執(と)ることを意味する「采配」。陣頭指揮を執る場合に使われることが多く、「采配を振る」といわれることもある。

「采配」の語源は戦国時代の指揮道具だ。通信機器がなかった当時、大将は、布や紙を付けた棒を振って軍に指示を送っていた。

この指揮道具が采配で、采には「選び取る」「摘み取る」、配は「くばる」「割り当てる」の意味があり、「選び取った命令を割り当てる」ことから名付けられたと考えられる。もとは鷹狩りでタカを操る道具だったようだが、正確な由来はわかっていない。

しかし、戦国武将がこれを振って部隊に命令を送ったことは事実である。

戦がなくなった江戸時代に、采配が軍の指揮に使われる場面はなくなる。代わりに権力を示すステータスの一種となり、美麗な工芸品も生まれた。

軍が近代化した幕末から明治の間に采配は姿を消すが、その名称は「指揮を執る」という意味で残ったのだ。

出世（しゅっせ）　本来、出世する者は僧侶だった！

現代語には仏教由来の言葉も多数あり、「出世」もそのひとつだ。組織内での昇給・昇進の意味で使われることが多いが、本来は優れた人物や物が世に出ること。そして仏教界では「仏の降臨（こうりん）」を意味していた。

「世」は仏が救済のため降臨する現世を指し、「出世間」とも呼ばれていた。これを略したものが「出世」である。

やがて現世の煩悩を払い、悟りの境地に達することに変化。仏門の「出家」を表す言葉として使われることもあり、悟りを目指す僧侶の姿から意味が融合したという。そこから「出世する者」として、僧侶のことを「出世者」と呼んだ。

これが現在の意味になったのは、「貴族の昇進」と重なったからだ。古代日本の貴族社会では、出家を経験した子息は昇進が早かった。そこから僧侶の大寺院への異動や官職に就くことをいうようになり、世間一般にも意味が浸透。

現在では、地位のランクアップの意味として広まっているのである。

消息（しょうそく）　どうして人の安否を表す意味になった？

人や物の状況や事情、あるいは音沙汰（おとさた）を意味する言葉が「消息」だが、一般的には人に対して用いられ、長く連絡が途絶え状況がわからないことを「消息不明」という。

古くは「セウソコ」と読まれ、「来意を告げる」「案内を乞う」という意味だったとされている。

「消息」の由来は「生と死」にあり、「消」は消える＝死ぬこと、「息」は生じる、生きるを意味している。これらを合わせて、生き死にや栄枯盛衰を表現したのが元来の「消息」だ。

栄枯盛衰は繁栄と衰退の連続で、生と死もサイクルが決まっている。それらを繰り返す様子から、「変化や移り変わり」が連想され、やがて動静や変化していくありさまを指すようにもなる。

そうした動静を知らせる姿から、手紙や連絡の意味が派生し、現在の形になったといわれる。

強弁 「強調して弁ずる」という意味ではない！

「強弁」とは、無理に理屈をつけて言い張ること、筋の通らない理屈を無理やり押し通すことを指す。根拠の弱い主張を、説得力が強いように見せかけることを「弱論強弁法」といったりもする。

強弁の「弁」が意味するのは、「弁解」や「弁明」のように、言い訳や申し開きといった自己主張を表している。そして「強」は、「無理強い」を指す。

「強」という漢字には、相手の意思を無視して無理やりやらせるという意味もある。これを強調した言葉が「強いる」だ。

強弁の「強」も強いることを意味し、相手の意見や立場を考えず、自分の意思だけを承諾させる姿から、「強引な弁論」を略して「強弁」と名付けられたという。

なお、強弁と似た意味の言葉に「詭弁」があるが、こちらは舌先三寸で言いくるめることを指すので、強引な承諾を迫る強弁とは違う。

首級　この「級」は誰の階級を指している？

戦国時代を舞台にした作品で、「○○殿、御首級頂戴いたす」というような言い回しが使われる。

意味は相手の首を切ることで、御首級とは相手の首を表す首級に尊敬の「御」を付けた語だ。御首級の読み方は「みしるし」。首級も「しるし」と読むが、本来は「しゅきゅう」と呼ぶのが正しい。

戦国時代は取った首の数とその階級で褒美が決まるので、「首の級」の表記に不自然はないと思われる。しかし、首級が本来指していたのは、討ち取った側の階級だった。

中国の春秋戦国時代、秦国では敵の首

を取るたびに爵位が上がる法律があった。この爵位を「級」といい、級を上げる首という意味で「首級」の語が生まれた。そして日本でも敵の首で褒賞を決めたため、同様の意味で使われたという。

御払箱 伊勢神宮の風習から生まれた言葉だった！

仕事をクビになることや、不要なものを捨てることを「御払箱」という。由来とされるのは、意外にも神社の筆頭である伊勢神宮の風習だ。

かつての伊勢神宮では、毎年暮れに各地の信徒へお札や暦を配っていた。そのときに古いお札と交換するので、回収用の箱も持参する。この箱の名前が御祓箱だ。そこから、古いものを捨てるという意味が生まれ、祓い→払いに変化。現在の御払箱（お払い箱）になったという。

一方、「払い」はサンスクリット語のpārājika（パーラージカ）の音写である「波羅夷」が由来とする説もある。その意味は、仏教からの追放だ。古代インドでは、淫行、窃盗、殺人、虚言（悟りを得たと嘘をつくこと）をした者は仏教の世界から追い出された。そこから「職場からの解雇」に意味が転じたという。

そして接頭語の「御」と追放を強調する「箱」を付け、御払箱に変化したとされる。

田吾作 本当に「田吾作」という田舎者がいた？

農民や田舎臭い男性の通称であった

「田吾作」。勘違いしがちだが、実在の人物の名前が由来ではない。その成り立ちは江戸時代にある。

江戸時代は人間の糞尿を畑の肥やしに使っていたのだが、それを入れる肥桶の「たご」に当て字をしたものが田吾作で、田子作や田五作とも書く。

じつは、江戸時代はリサイクル社会で、さまざまなものを回収する商売が成り立っていた。人間が毎日排泄する糞尿もそのひとつ。当時の長屋の大家にとっては、店子が便所で出す糞尿も立派な収入源だったのだ。

江戸の街で排泄された大量の糞尿を回収したのが、汚穢屋と呼ばれる人たちで、彼らは肥桶を担いで買い取りに回って汚穢舟に積み込み、近郊の農村まで運んだのである。

農家は「たご」で運び込まれた有機肥料（糞尿）を使い、農作物を育てていく。「田吾作」は田舎者をからかう蔑称だが、語源を見れば、エコライフを実現している人たちだったことがわかる。

本命

占術用語から競馬がきっかけで現在の意味に！

その人が最も望んでいる物や人物を指すのが「本命」だ。今は「ほんめい」と読むが、もとの読み方は「ほんみょう」で、言葉の意味も「誕生日の星」だったのだ。

古代中国の占術で、干支は、一白水星、二黒土星、三碧木星、四緑木星、五黄土星、六白金星、七赤金星、八白土星、九紫火星という星に例えられていた。

この星々を「九星」といい、現在でも自分の生まれた年に「一白の子」「五黄の寅」などと当てはめ、それらの関係や位置によって相性や吉凶を占う方法がある。この中で、占う人の生まれ年に該当する星が「本命星」だ。

この本命星の動きは、人生全てに影響するとされていた。結婚や引っ越しなどの重要事も、本命星の占いで決めたという。このように、人を正しい運命に導く星という意味から「真実」を指すようになる。

これが、現在の意味と形に変わったのは、競馬がきっかけだった。本命が「真実」を指すことから、競馬で「1着候補のウマ」という意味で使われた。そこから読み方が「ほんめい」に変化し、1着の馬を全員が狙う姿から、「一番手に入れたい物や人」を指すようになったのだ。

旦那
どうして夫に対してこう呼ぶのか？

妻が夫を指すときや、商いで男性客を呼ぶときなどに使う敬称が「旦那」だ。そんな旦那は、そもそも一般的な用語ではなかった。その語源はサンスクリット語のdāna（ダーナ）で、僧侶へ渡すお金を意味した。

ダーナが中国に伝わると、漢字が当てられ「旦那」もしくは「檀那」となる。信徒が僧から仏法を受ける寺院を「檀那寺」と呼んだように、初期は仏教用語のひとつだったのだ。

中国から日本に伝来すると、漢字の読みから「ダンナ」となる。ただ、最初は日本でも僧侶への寄付を指していた。しかも、寺院の建築や改装ができる高額寄付である。

対して、僧侶個人などへの少額の寄付が、お布施(ふせ)だ。

この「旦那」が一般に広まると、多額の寄付ができる富裕層という意味に変化。現在でも、パトロンや上客を旦那と呼ぶのはその名残だ。

そして、一家を支える人＝一家の生活費を稼いでくる人という意味で、夫の呼び名になったのである。

未亡人(みぼうじん) 字だけ見れば男性に使ってもいいはずだが…

未亡人は夫に先立たれた妻を意味しているが、もとは「まだ死なない人」という意味だった。

「未」は「いまだ〜ではない」という否定形の再読文字である。再読文字とは文章で2度読むことになる字のことで、他には「まさに〜べし」の「当」、「よろしく〜べし」の「宜」がある。

中国の歴史書『春秋左氏伝（しゅんじゅうさしでん）』によると、古代中国では夫が死ぬと、妻は後追い死する風習があったという。つまり後追いすることなく、生き残った妻が「未亡人」だった。

ただし、世間が妻を非難したものではなく、妻自身が「わたしは未だ亡くならぬ人である」とへりくだって言う言葉だった。

のちに後追いの風習は廃（すた）れるが、「未亡人」という言葉は、夫に先立たれた妻という意味で残り、他人がその妻を指す言葉に変化する。

日本では江戸時代後期から広まったとされるが、初めは漢音で「びぼうじん」と読まれた。これが呉音の「みぼうじん」となり、一般に使われるようになったのは戦後からとされている。

蝙蝠（こうもり）
「蝙」も「蝠」もコウモリの姿を表していた！

約6000種といわれる哺乳類（ほにゅうるい）の中で、唯一自力飛行が可能なのが、コウモリだ。これを漢字で書くと「蝙蝠」になるが、じつは蝙も蝠も、コウモリの姿から成り立った漢字なのだ。

「蝙」が示すのはコウモリが飛ぶ姿である。へんの「虫」には「小動物」の意味もあり、これに「扁（「平たい」の意）」を付けて「飛ぶ姿が平べったい小動物」を表した。「蝠」は壁に張り付いた姿を表している。

なお、コウモリは和名であり、呼び名

の由来は「皮張り（皮振り）」を表す「加波保利」の訛りとする説がある。皮膜を広げて空を飛ぶ姿や、壁に貼り付く姿が皮に似ていることから呼ばれたのだ。

「蝙蝠」の中国語読みは「ヘンプク」。この漢字が日本に伝わり、一般化したのは大正時代とされる。そこに日本名の「コウモリ」が当てられて、現在の形になったようだ。

夏目漱石

ペンネームの由来は「流石」と一緒だった！

明治の文豪・夏目漱石。その本名は金之助で、「漱石」はペンネームだ。その由来となったのは「漱石枕流」という言葉である。

西晋の孫楚が言い間違えた「石で口を漱ぎ、川の流れを枕にする」から生まれた四字熟語で、つまりは「流石」（14頁参照）と全く同じ。頭の2文字を取って筆名としたのである。

「間違ったとわかっても屁理屈をこねる負け惜しみの性格」が、自分にぴったりだと漱石は思ったらしい。古代中国の故事からペンネームを付けるとは流石は文豪、と言いたいところだが、じつは別の説もある。

漱石が自分で付けたのではなく、友人で俳人の正岡子規から贈られた名前だというのだ。

子規と夏目金之助は、東京大学の予備門生時代からの親友だった。文集批評を通じて親交を深め、共に旅行をするほどの仲だったという。

そんな子規はペンネームが多いことでも有名で、その数は実に54個。「漱石」もそのひとつだった。

これを譲ってもらえたことから、金之助は「漱石」と名乗りはじめたともいわれている。

7章

◉1本なのに「三途の川」とは、これいかに？

ルーツを知れば納得！場所と地名の語源

八百屋(やおや)――野菜を売っているのに、なぜ〝八百〟屋?!

青果店を「やおや」と呼ぶのは、もともと「青物屋(あおものや)」と呼んでいたことに由来する。青物とは野菜のことで、やがて「青物屋」が「青屋」に略され、「やおや」に音が変わったといわれている。

「やお」に「八百」が当てられたのは、日本の古語では百を「ほ」や「もも」と読んでいたからだ。「もも」は廃(すた)れたが、「ほ」は次第に訛(なま)って「お」となり、「やおや」も「八百屋」となった。また「八百」には「とても多い」という意味もあり、神道でいう「八百万神(やおよろずのかみ)」も「とてもたくさんの神様」であって、神様の総数が800万柱(はしら)ということではない。

なお、「八百長」の語源は八百屋の長兵衛から。この男は、相撲の親方とたびたび碁(ご)の勝負をしていたが、腕前は長兵衛が上。

しかし親方の機嫌を損ねすぎないよう、数回に一度わざと負けていた。この行ないから、相撲でのインチキ勝負を「八百長」と言い、さらには相撲以外で勝敗が決められた試合も同様に呼ぶようになったのだ。

江戸前（えどまえ）──江戸の前とはどこからどこまで？

現在、寿司の代名詞ともいえるのが、握り寿司を中心とした「江戸前寿司」。日本のみならず、世界でも有名な調理法である。その「江戸前」だが、「京料理」のように「江戸流の味付け」と思っている人は多いかもしれない。だが本来の江戸前は、東京湾で取れた魚介類を指す言葉だ。

現在の東京湾、つまりかつての江戸湾は、江戸の町の前にある。そこから、江戸湾と江戸川河口で取れる魚介類全般と、江戸湾近隣の河川で水揚げされるウナギが江戸前と呼ばれていた。そのウナギを使った蒲焼（かばやき）が、最初期の江戸前料理だったわけだ。

その地位が動いたのは文政年間（1818～30年）のこと。握り寿司の人気向上で、江戸前料理の代表は寿司へと変わる。「江戸前寿司」の名称もこの頃にできたという。江戸独自の天ぷらや蕎麦（そば）が開発されると、江戸前は「江戸流の調理法」の意味も持つようになった。

そして2005年、江戸前の定義は水産庁によって定められた。現在は、三浦半島の剱崎から、房総半島の洲崎までの東京湾全体で取れた魚介類が「江戸前」と呼ばれることになっている。

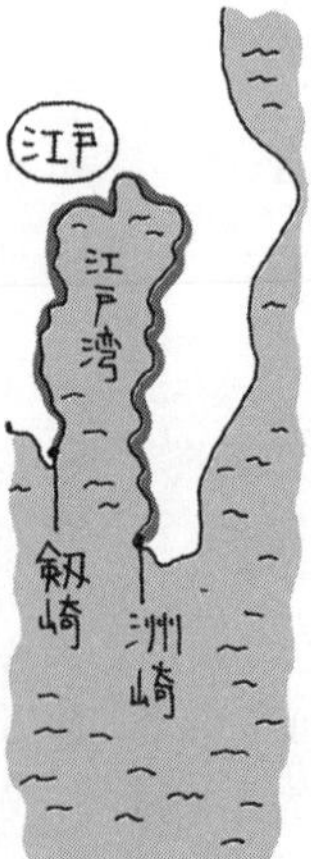

禁裏・内裏 ——天皇の住まいに「裏」が付くわけ

禁裏・内裏は、どちらも朝廷で天皇が暮らす区画のことだ。内裏は天皇・皇后という意味もあるが、基本的な使い方はどちらも同じである。

しかし成立の由来は異なり、内裏とは、古代中国で皇帝とその一族が住む居住空間を意味する。対する禁裏は、その居住区と外界を隔てる禁門が語源。これを参考にして、日本の朝廷でも皇居の門を禁門と呼んだ。やがては皇族の住む領域そのものにも、「禁」の字が当てられたのである。

ただ、天皇が住まうのだから「表」でも良さそうなものだが、それにはワケがある。朝廷における「表」は政務を行なう場所を意味し、私的な空間を意味するのが「裏」と「奥」だった。

江戸幕府でも、将軍や正室たちの私的な区域を「大奥」と呼んでいるのはこのためで、一般人が妻を「奥さん」というのも、このことに由来している。

雑居(ざっきょ)——「雑な人が居る」わけではない

「雑居」の意味は、異なるものが一緒の場所にあることだ。物や文化だけでなく、立場の違う人間や団体が同じ場にいることも指す。複数のテナントや住居が混在するビルが雑居ビルと呼ばれているのは、そのためだ。

雑という字には「雑な作業」のように、いい加減というイメージが根強い。しかし、その本来の意味は「混ざり合う」。要素や事情が絡み合う「複雑」、入り乱れる様子を指す「乱雑」の用例を見ればわかるだろう。

雑居に「雑」が付くのもこれらと同じ。居住の「居」に雑を加えることで、いろいろな人間や店舗が一か所に「雑(まじ)える」ことを表そうとしたのだ。

蟄居（ちっきょ）――なぜ、監禁刑を意味する言葉になった？

「蟄居」は江戸時代における武士の刑罰の一種だ。その内容は、罪人を屋敷に閉じ込めたうえ1部屋に一定の期間監禁するというもの。屋敷内の移動が許される「謹慎」「閉門」とは違い、部屋からの出入りは基本許可されない。

そんな重罰に使われる「蟄」の意味は「籠（こ）もる」である。昆虫を意味する「虫」と、捕らえることを指す「執」を合わせて、虫が地中に籠もる姿を表した形声（けいせい）文字だ。二十四節気のひとつ「啓蟄」の「啓」は開くという意味があり、暖かくなって籠もっていた虫たちが這（は）い出してくる季節を指している。

そんな「虫の土に潜る姿」から、部屋に閉じ籠もる人間が連想され、やがて「家に引き籠もる」という意味が加わり、監禁刑の名称にもなったのである。

関の山（せきのやま）――「関」は実在する地名だった！

「君の実力では準決勝進出が関の山だ」などと、限界を示す「関の山」。自分の力を出し切ったうえでの限界なので、諦めの意味が強い言葉でもある。そんな関の山だが、そのような名の山が本当にあったのだろうか？

じつは「関」とは、三重県にあった関町（現・亀山市）のことだ。関町の中心部は東海道五十三次の関宿で、当地に鎮座する八坂神社の祭礼には豪華な山車が繰り出される。ただ、やはり本場である京都の祇園祭の山鉾よりは見劣りしてしまう。そこで、「京都以上の山車をつくることは不可能だ」という皮肉から、能力の限界を「関の山」と言いはじめたとされる。

歌川広重が描いた関宿（上）と現在の関宿（下）。昔の街並みが今でも残っており、「日本の道100選」にも選ばれている

一方で、関の山車は豪華絢爛すぎて、「これ以上のものはつくれない」という逆の意味を持っていたという説もある。そんな豪華な山車が狭い町内に16台もあったので、「これ以上の台数はつくれない」というの

が語源という説もある。

玄関（げんかん）――もとは「仏教への入門」を表していた

建物の入り口を指すのが「玄関」だが、本来は入り口の扉を指す。言葉を構成する漢字のうち、「関」は狭い入り口を、そして「玄」は仏教の悟り（さと）を意味しているといわれている。

仏教における「玄」は悟りの境地、いわば真理のこと。そこから奥深くて優れた道理を「玄妙（げんみょう）」と呼びはじめる。この玄妙に通じる道が当初の「玄関」で、つまりは「仏教への入門」が本来の意味だった。なお、古代中国の哲学書『老子（ろうし）』の「玄の又玄なる衆の妙なる門」に由来するとの説もある。

鎌倉時代に禅宗が日本に伝来すると、「玄関」は禅寺の門を指すようになる。ここから貴族や武家にも浸透していき、建物の入り口という意味に変化した。

ただし、当初は武家屋敷や富裕層の邸宅など、権力層の家にしか使われなかった。庶民の家の出入り口も「玄関」と呼ばれはじめたのは明治時代以降。なお、禅宗では現在でも寺の門を「玄関」と呼んでいる。

集落（しゅうらく）——集まって落ちるってどういうこと？

集落は人間の住居が集まっている地域、つまりは「人里」のことだ。本来は都市部も含まれるが、郊外の町村に使われることが大半である。

「集」は人が集まること、そして「落」には人の居住区という意味があり、「さと」という字義もある。

「落」は、「草かんむり」と、読み方を意味する「洛」を合わせて、草の落下を表現した形声文字だ。そして落下した場にとどまる姿から「定着」の意味が派生、人の定着場所である人里も指すようになったという。また、人の落ち着ける場所が語源だとする説もある。そうした「落」に「集」の字を付けて、人が集まる里を表した。これが「集落」という言葉が生まれた経緯だとされている。

牙城（がじょう）——本拠地を「牙」で表現するわけ

「牙城」の意味は本拠地・本丸で「敵の牙城を崩す」などと使い、組織や勢力の中心部という比喩で使われることもある。では、なぜ「牙」の字が使われるのかというと、「象牙付きの大将旗」を由来とするからだ。

古代中国の大将旗は、旗竿に象牙の飾りを付けていて、この象牙飾りのある大将旗を「牙旗」と呼んだ。そして牙旗を掲げた本陣や城を指していたのが、当初の牙城だったのである。

日本では象牙の旗は浸透しなかったので、牙城は単に、大将旗を掲げる場の意味として使われた。旗があるのは主に城の本丸や本陣。そこから本拠地そのものを意味するようになり、敵側の拠点という意味が強まる。

やがて江戸時代になると戦がなくなったので、軍の拠点としては使われにくくなる。代わりに「勢力の中心部」を指すようになり、現在に至るという。

三途の川——死後に行くという「三悪道」に通じる川

仏教で、人間が死後に渡るとされる川が「三途の川」だ。その由来は「三悪道」に通じるとするもので、三悪道とは罪人が死後落ちるとされる世界の総称だ。

畜生として貪り合う「血途」、餓鬼となり刀で虐げられる「刀途」、互いに傷つけ炎に焼かれる地獄「火途(かず)」の三悪道は「三途」とも呼ばれていた。そこに通じるために、三途の川と名付けられたとされる。

別の説は、「3つの瀬」が語源というものだ。三途の川には橋や舟があるともいうが、それらを使えるのは善人のみ。微罪の者は浅瀬を泳がねばならず、重罪人はより深く流れが急な瀬を行かねばならない。

これら3つの瀬を渡って冥府(めいふ)に行くので三瀬川(みつせがわ)や葬頭河(そうずが)と呼ばれた。これがさらに訛って「三途の川」になったという。

三途の川という呼び名は平安時代末期から鎌倉時代の間にできたというが、読み方は「さうづがわ」や「さんづがわ」。「さんずのかわ」として定着したのは幕末以降だという。

娑婆(しゃば)――遊女が憧れた「苦しみの場所」だった?!

懲役(ちょうえき)を終えて刑務所から出たとき、「久々に吸うシャバの空気はうまいぜ」という映画やテレビドラマなどのセリフ。この「シャバ」は仏教用語の「娑婆」が由来だ。

娑婆はサンスクリット（梵）語のsahā（サハー）の音に漢字を当てたもの。意訳語に「忍土」があり、意味は「苦しみを耐え忍ぶ場所」。だが、これでは「閉鎖的な環境から見れば自由な場所」という意味とは、逆のようにも思える。

それは江戸時代に、「娑婆」の使われ方が180度変わったためだ。

幼い頃に遊郭に売られてきた遊女たちは、遊郭こそが極楽安堵（あんど）の地で、門の外が娑婆だと諭（さと）されてきた。しかし外に出ることを禁じられた彼女たちには、娑婆こそが憧れる自由な世界。そこで、娑婆を「普通の人が暮らす日常」という意味で使うようになった。そこからシャバ＝自由な世界となったのである。

角界（かっかい）——力士に「角」はないはずだが…

野球は「球界」、政治は「政界」というように、その業界を意味する言葉が付く。

しかし、相撲業界を意味するのは、なぜか「角界」である。

その理由について、まず「すもう」という読みは「すまふ」が変化したものとされ、相手に張り合う、争うことを意味する。このことから「相」と、殴ることを意味する「撲」の字が当てられた。

一方、「すもう」には「角力」という字も当てられ、これは中国語で力比べを意味する言葉だ。そのため、『古事記』や『日本書紀』には「相撲」と「角力」の両方の表記が見られる。

奈良時代から昭和初期までは、宮中行事の相撲節会（すまいのせちえ）のように「相撲」と表記することもあったが、一般的には「角力」と書いた。現在の大日本相撲協会も、母体は「東京大角力協会」である。現在では「すもう」を角力と書くことはまずないが、昔の名残（なごり）で相撲業界を「角界」と呼んでいるのだ。

花柳界（かりゅうかい）——芸者の世界を花と柳に例えたわけとは

芸妓（げいぎ）や舞妓（まいこ）らが活動の場とする業界を「花柳界」ともいう。「花街」と混同されやすいが、花街は座敷を提供する待合（まちあい）、料理屋や料亭、芸妓の属する置屋（おきや）などで構成された地域をいい、花柳界はその中で構築された社会という違いがある。

そんな花柳界の語源は、中国の「花紅緑柳」という詩にある。作者は、初唐の四傑と称せられる唐朝の詩人・王勃で、艶やかな赤花と鮮やかな緑柳を美しいものとして詠んだ。中国の人々はそれを「花柳」と略し、さらには花々に似た麗しい女性のいる街を「花街柳巷（柳港花街）」と称したのである。

やがて日本に「花柳」の漢語が伝わると、芸妓や遊女の属する業界を「花柳界」と呼ぶようになった。現在、日本に遊郭や遊里は存在しないため、花柳界は、もっぱら芸妓たちの世界を指すものとなっている。

梅田――梅の字は地名と関係なかった！

大阪市でも屈指の繁華街である梅田。その地名は植物の「梅」に全く関係がなく、地面を「埋めて」整備したことに由来する。

古くからにぎわった難波や天満、天王寺と異なり、江戸時代以前の梅田は低湿地帯であり、その後、泥を埋め立てて田畑を切り開いた。このときに、一帯は「埋田」と呼ばれたが、「埋める」では縁起が悪いので、近隣に鎮座していた露天神社、もしくは綱敷天神社にゆかりのある梅から「梅田」となったのだ。

しかし、埋められたのは泥田だけではない。梅田には「大坂七墓」に数えられる大規模墓地があったのだが、明治以後の鉄道建設と宅地多開発で埋め立てられてしまった。墓は別の墓地に移設されたが、無縁仏の大半は放置されたまま。そのため、梅田の地下には今もかなりの人骨が埋まっているという。梅田は骨までもが埋め立てられた地なのである。

実際、2020年8月には、JR大阪駅の再開発地区で多数の人骨が出土。その数は1500体以上にのぼり、江戸～明治時代までに埋葬された骨とみられている。

札幌——アイヌ語の「広い川」に漢字を当てた

北海道の県庁所在地・札幌市は、アイヌ語の「サッポロペッ」が由来とされる。「サッ」は乾く、「ポロ」は大きい、そして川を意味する「ペッ」が組み合わさった語で、訳すると「乾いた大きな川」。もしくは「サリポロペッ（葦原が広大な川）」が語源だとする説、「サッポロヌプリ（乾いた巨大な山）」からという説もある。

いずれにしても広大な土地が由来である可能性は高く、すでに江戸時代には「シヤッホロ」と呼ばれていた。それが「サッホロ」に訛り、明治時代になると、政府によって「札幌」の字が当てられた。

アイヌ由来の地名は北海道にかなりあり、石狩は「イシカラベツ」（屈曲する川）、室蘭は「モルエラニ」（緩やかな下り坂）、稚内は「ヤムワッカナイ」（冷たい水の川）が由来とされ、その割合は全体の80％になるといわれている。

神奈川（かながわ）——同名の川があったのか？

県庁所在地と県名の異なる自治体のひとつである神奈川県。全国で2番目の人口を誇り、横浜市の人口も東京23区を除けば第1位だ。そんな神奈川県の地名の由来だが、意外なことに「単なる当て字」だという。

まず、江戸時代までの神奈川には複数の呼び名があった。鎌倉幕府の書状内では「神奈河両郷」で、一般的には「神名川」「金川」「カメ河」とも呼ばれていた。呼び名こそ似てはいたが、表記は安定しなかったのである。

それらが神奈川に統一された理由としては、まず「訛り」が考えられる。武蔵国久良岐（くらき）郡（横浜市神奈川区）の河川は、水源がわかりづらい。そのため「上無川（かみなしがわ）」

と呼ばれ、それが訛って「かながわ」になった。

また、砂金の取れる金川や、渡来人由来の韓川の訛りとする説もある。そうした訛りでできた「かながわ」に当てられた字が「神奈川」。地名の由来は複数あるが、神奈川という字は当て字とみて間違いない。

草津(くさつ)――硫黄のにおいから生まれた地名

日本三名泉に数えられている群馬県の草津温泉。その名前の由来には諸説あるが、そのひとつが湧き出る湯のにおいとするものだ。

草津の湯は硫黄(いおう)が多分に含まれているため独特のにおいがする。そこから「くさうづ（臭い水）」と呼ばれ、やがて「くさづ」と訛り、さらに濁(にご)りがなくなって「くさつ」となったとされる。

また、新潟県には草水町（新潟市）、草水（阿賀野市(あがのし)）、草生津（長岡市）などがあり、秋田県には草生津川（秋田市）という小さな川が流れるなど（どれも読みは「くそうず」）、両県には「草」の付く地名が点在している。これらも草津温泉同様、「くさい」を由来としているが、においの原因は温泉ではなく石油である。

新潟県と秋田県は日本でも珍しい石油の産出地であり、そのにおいから地名が付けられたのだ。

日光――太陽の光と何か関係があるのか?

栃木県の日光市は、徳川家康を祀る日光東照宮で有名な観光地。ユネスコの世界遺産にも登録されているが、なぜ「日光」と呼ばれているのか。じつは、太陽の光とは何の関係もない。かつての地名は「二荒」で、読み方も「にあら」だったのだ。

地名の由来は諸説あり、ひとつは観音菩薩の住処である補陀落山が訛って「二荒山」に変化したというもの。もうひとつは、男体山と女峰山に二神が降臨した伝説から、フタアラワレが「二荒」になったというもの。そして、山の風神雷神がよく暴風雨を起こしたので、荒神二柱が住む地として「二荒」になったというものだ。

そんな「二荒」を「日光」にしたとされるのが、平安時代に真言宗を開いた弘法大師(空海)である。「二荒」の地を訪れた空海は、「荒」は縁起が悪いとして音読みの「にこう」と呼び、新しく「日光」の字を当てたという。

ただ、実際に日光の字が使われたのは鎌倉時代からといわれている。

八重洲(やえす)――徳川家康に仕えた外国人「耶揚子」から

江戸時代初期、オランダの商船が日本に漂着し、乗員のひとりが徳川家康に召し抱えられた。それがヤン・ヨーステンだ。ヨーステンは家康の通訳や国際情報の顧問として活躍。名前には漢字で「耶揚子」などが当てられ、屋敷も与えられて日本に永住した。

このヨーステンの屋敷があった周辺は、彼の名をとって「やよす河岸(がし)」と呼ばれ、やがて「八重洲河岸」「八代洲河岸」「耶揚子河岸」などの字が当てられ、現在の「八重洲町」となった。

また、ヨーステンと同じオランダ船の乗員だったウィリアム・アダムスも「三浦

按針」として家康に仕え、屋敷地が安針町（現在の日本橋室町一丁目、日本橋本町一丁目）になったとされる。

また、外国人ではないが、東京の文京区「春日」は春日局、新宿区「市谷甲良町」は江戸時代の大工の棟梁・甲良氏に由来する。

道玄坂 ――渋谷にいた山賊の首領の名前から

東京都渋谷区にある道玄坂は、鎌倉時代の落ち武者一族にその由来があるといわれている。

鎌倉武士の和田氏は、北条氏との政争に敗れて一族は離散し、湿地帯だった渋谷に落ちのびた。身を隠した一族はやがて山賊となり、その首領になったのが道玄だった。彼が率いる山賊団が恐れられたことから、この地を「道玄坂」と名付けたといわれている。

東京は、前項のように人名が付いた地名も多いが、名前の付いた坂も多い。その数は23区内だけでも７００以上といわれ、世界でも類を見ないという。

そんな坂名には特徴のあるものが多い。武士の町らしく、「南部坂」は盛岡藩南部家の武家屋敷、「仙台坂」は仙台藩の下屋敷に接していたことから名付けられ、「紀尾井坂」は紀州藩・尾張藩と彦根藩の井伊家に接していたことが由来である。

国立市——駅の名前から取られた自治体名だった！

東京都多摩地域内にある国立市だが、もちろん大学や競技場のように「国が立てた市」ではない。その地名の由来は、大正時代の鉄道路線事情にある。

国立市はかつて谷保村といい、大正末期に山林開発が行なわれた。このとき地域内を通る中央線に新駅をつくろうとしたが、村の中心部から離れていたこともあり、「谷保駅」と名付けることがためらわれた。

そこで、国分寺駅と立川駅の間に位置することもあって「国立駅」に決定。開業は1926年である。

1951年の町制施行の際に谷保村は国立町に改名され、1967年には国立市となる。つまり、自治体名を駅の名前から取るという珍しいパターンだったわけだ。

ちなみに地名由来の「谷保駅」という駅も存在する。1927年に南部鉄道（現JR南武線）が開通し、その2年後に開業している。

西陣(にしじん)――その由来は応仁の乱にあり

高級絹織物の西陣織で有名な京都・西陣だが、正式な行政区域ではなく、京都市による案内では、東西は室町通から千本通まで、南北は中立売(なかだちうり)通から鞍馬口通までの一帯を指す。古くから織物の産地として栄えた地域だが、その地名は室町時代に起こった応仁の乱に由来する。

応仁の乱は、ざっくり言うと細川勝元(かつもと)率いる東軍と山名宗全(やまなそうぜん)の西軍による大乱で、1467年から約10年も続いた。その際に西軍の本陣が置かれたのが堀川通の山名邸。現在の西陣内に当たる場所だ。つまりは西軍の本陣があったので、「西陣」となったのである。

じつは平安時代頃より、西陣一帯では織物業が盛んだった。渡来系氏族による職人集団が組織され、鎌倉時代には織物町が形成されている。応仁の乱の影響で職人の大半が大坂に避難するも、戦いが終わると都に戻り、西軍の本陣跡で織物業を再開した。そして地域が「西陣」と呼ばれるようになると、織物の名も西陣織になったという。

洛中・洛外

どうして「京中・京外」ではないのか?

京都市の街並みは洛中と洛外に大きく分けられ、洛中は上京区、中京区、下京区の中心部、洛外はその外側を指す。古くから京都に住んでいる人は、「洛中以外は京都やおへん」とも言うらしい。

これらの「洛」は、古代中国で都が置かれた洛陽を指す。平安京は中国の長安と洛陽を参考にした都市だった。長安は唐の首都で、洛陽も副都として発展した大都市だ。また周、後漢、魏、西晋、隋の時代には王朝の首都となったこともある。

平安京は南北約2・5キロ、東西約4・7キロの都市となり、御所から見て朱雀大路から左側の左京は「洛陽城」、右側の右京は「長安城」と呼ばれた。

しかし右京は沼や湿地が多かったので、次第に廃れて居住区は縮小。反対に左京は貴族の邸宅が並ぶ高級住宅街に成長していった。この洛陽部分の発展から、「洛」は次第に都を意味する言葉となっていったのである。

ただし、現在の洛中・洛外の区分が完成したのは、天下統一を果たした豊臣秀吉が御土居という土塁をつくり、その内部を洛中、外部を洛外と区別してからだ。

六本木（ろっぽんぎ）――6本の"木"の正体とは？

東京都港区の六本木は都内でも屈指の繁華街であり、外国人も多く住む国際的な街でもある。

地名の由来については諸説あり、一説によると江戸時代の大名屋敷に由来するという。当時の六本木は武士と町人が集まる街で、鳥居坂の坂上には武家屋敷が立ち並び、そこに屋敷を構えた大名もいた。それが上杉氏、朽木（くつき）氏、高木氏、青木氏、片桐氏、一柳氏。全員の名前に「木」関連の漢字が入っていることから、6人を6本の木に見立てて「六本木」と名付けたという。

しかし、江戸時代の六本木町が1828年に幕府に提出した文書には、別の由来が書かれている。それは、町名の由来は本当に6本の木だったというものだ。

その昔、六本木には6本の松の大樹があった。その大きさは品川沖からも見えるほどで、地元漁師の目印になっていた。江戸時代までには枯れてしまったということの木々が、地名の由来であると主張したのだ。

ただ、本当に木々があったのかは不明で、詳しい地名の由来は謎のままである。

銀座(ぎんざ)——もともと正式な町名ではなかった！

「銀座」といえば東京都のみならず日本随一の高級繁華街。となれば、その地名もかなりの歴史を有していると考えがちだが、じつは正式な地名としては明治以降に付けられたものだ。

そもそも銀座とは、銀貨をつくる座組織「銀座役所」に由来する。銀座役所は徳川家康が1601年に京都伏見の城下に設けたものが最初とされ、その5年後には家康の隠居地である駿府(すんぷ)にも開設。この「駿府銀座」が、1612年に現在の銀座2丁目に移されたのだ。

当時の町名は「新両替町」。「新」と付くのは、金貨の鋳造所である「金座」のある「両替町」が存在したからだ。その後、両替町は「本両替町」と改称し、「新両替町」は本来の町名だけでなく、「銀座」という通称で親しまれるようになっていった。

銀の買い入れや管理、事務を取り扱う役所と、銀貨の鋳造を行なう工場など、銀を特権的に扱う場所だった「銀座」。その膨大な利益を搾取しようとする不正事件が相次いだため、1800年には日本橋蠣殻(かきがら)町に移転させられてしまった。しかし、銀座という通称だけは、現在の地に残り、のちに正式な地名となったのである。

天使突抜(てんしつきぬけ)――「天使」の境内を突き抜ける道だから

京都市下京区の西洞院(にしのとういん)通と油小路(あぶらのこうじ)通の間を走る南北の通りは「天使突抜」と呼ばれている。なんともファンタジックな地名だが、この「天使」はエンジェルのことではない。地域を境内とした五条天神宮(ごじょうてんしんぐう)の祭神を意味しているのだ。

五条天神宮の主祭神は少彦名命(すくなひこなのみこと)で、天上から降臨した天津神であるため「天子」とも呼ばれた。これが「天使」に変わったのだが、その理由は天皇を表す「天子」を当てるのをためらったためとも推測されている。

五条天神宮自体は弘法大師(こうぼうだいし)（空海(くうかい)）が創建した神社で、かつては「天使の社」として信仰されていた。しかし、豊臣秀吉が天下を統一すると、都の大改造が行なわれる。その最中に、五条天神宮の境内を横断する形で道がつくられたのである。

この暴挙に憤(いきどお)った住民たちは、道とその両側につくられた町を「天使の領域を突き抜ける道」、すなわち「天使突抜」と呼んで皮肉った。つまりは秀吉の横暴に対する怒りとあてこすりから生まれた地名なのだ。

◉左記の文献等を参考にさせていただきました――

『「漢字」なるほど雑学事典　書き方・読み方・語源のフシギ』日本博学倶楽部、『すっきりわかる！超訳「故事成語」事典』造事務所（以上、ＰＨＰ研究所）／『暮らしのことば　語源辞典』山口佳紀編、『日本人のための漢字入門』阿辻哲次、『孟子　全訳注』宇野精一訳（以上、講談社）／『故事成語を知る辞典』円満字二郎、『四字熟語を知る辞典』飯間浩明（以上、小学館）／『全訳漢辞海　第四版』戸川芳郎監修（三省堂）／『新漢語林　第二版』鎌田正、米山寅太郎（大修館書店）／『語源海』杉本つとむ（東京書籍）／『漢字なりたち図鑑　形から起源・由来を読み解く』円満字二郎（誠文堂新光社）／『面白いほど記憶に残る迷わない漢字』話題の達人倶楽部（青春出版社）／『明治生まれの日本語』飛田良文（ＫＡＤＯＫＡＷＡ）／『ボキャブラリーが増える故事成語辞典』主婦の友社編（主婦の友社）／『史記８　列伝四』小竹文夫他訳（筑摩書房）／『眠れなくなるほど面白い　図解神道』渋谷申博（日本文芸社）／『神道入門　日本人にとって神とは何か』井上順考（平凡社）／『東京「地理・地名・地図」の謎　意外と知らない〝首都〟の歴史を読み解く！』谷川彰英監修（実業之日本社）／『東京23区の地名の由来』金子勤（幻冬舎）／『本当は怖い日本の地名』日本の地名研究会（イースト・プレス）／『温泉の日本史』石川理夫（中央公論新社）／『芸者論　花柳界の記憶』岩下尚史（文藝春秋）／『日本の地名おもしろ雑学』浅井建爾（三笠書房）／ＧＩＮＺＡ　ＯＦＦＩＣＩＡＬ――銀座公式ウェブサイト／日本経済新聞ＨＰ／浄土真宗本願寺派ＨＰ「仏教語豆辞典」／朝日新聞デジタル／情報・知識＆オピニオン「ｉｍｉｄａｓ」／ＮＨＫ放送文化研究所ＨＰ

KAWADE
夢文庫

語源の謎
なぜ、この漢字が使われる?

二〇二二年四月三〇日　初版発行

著　者…………日本語倶楽部[編]
企画・編集………夢の設計社
東京都新宿区山吹町二六一〒162-0801
☎〇三―三二六七―七八五一(編集)
発行者……………小野寺優
発行所……………河出書房新社
東京都渋谷区千駄ヶ谷二―三二―二〒151-0051
☎〇三―三四〇四―一二〇一(営業)
https://www.kawade.co.jp/
装　幀……………こやまたかこ
印刷・製本………中央精版印刷株式会社
DTP……………株式会社翔美アート
Printed in Japan ISBN978-4-309-48583-6
落丁本・乱丁本はお取り替えいたします。

なお、本書についてのお問い合わせは、夢の設計社までお願いいたします。